Personas, cosas, cuerpos

Personas, cosas, cuerpos

Roberto Esposito

Prólogo de Antonio Valdecantos
Traducción de Albert Jiménez

E D I T O R I A L   T R O T T A

COLECCIÓN ESTRUCTURAS Y PROCESOS
Serie Filosofía

Título original: Persons and Things. From the Body's Point of View
Traducción de la primera edición publicada por Polity Press, 2015

© Editorial Trotta, S.A., 2017
Ferraz, 55. 28008 Madrid
Teléfono: 91 543 03 61
Fax: 91 543 14 88
E-mail: editorial@trotta.es
http://www.trotta.es

© Roberto Esposito, 2015
Esta edición ha sido publicada
mediante acuerdo con Polity Press Ltd., Cambridge

© Antonio Valdecantos, para el prólogo
y la conversación con Roberto Esposito, 2017

© Albert Jiménez, para la traducción, 2017

Diseño
Teresa Requena

ISBN: 978-84-9879-696-4
Depósito Legal: M-13295-2017

Impresión
Gráficas Cofás, S.A.

CONTENIDO

Prólogo

NI PERSONAS NI COSAS*

Antonio Valdecantos

En una entrevista publicada en abril de 1937 en el periódico vienés *Der Sonntag*, expuso Elias Canetti el concepto de «máscara acústica», capital en su teoría del drama[1]. Quien decida abordar a algún desconocido en un establecimiento público y entablar una conversación notará, dice Canetti, que descubre una manera de hablar única, inconfundible con cualquier otra. El tono y velocidad del habla, sus giros recurrentes, las no más de quinientas palabras que ese interlocutor emplea, *caracterizarán* a tal individuo tanto como lo hace su fisonomía (es decir, el rostro que está debajo, se supone, de cualquier posible máscara). Esa «figura verbal de una determinada persona» es su «máscara acústica», y el drama debe ser —conforme a lo practicado en *La boda* y en *Comedia de la vanidad*— un juego entre esas clases de máscara. Aún más: «Las muchas voces que resuenan en la jungla africana

*   El presente estudio ha resultado de trabajos y seminarios (uno de ellos con la participación de Roberto Esposito) que se llevaron a cabo en el marco del proyecto de investigación HUM2005-03648.
    1.   Evocada en «Conversación con Manfred Durzak» [1975], en *Arrebatos verbales. Dramas, ensayos, discursos y conversaciones*, Obra completa IX, ed. de J. J. del Solar e I. Echevarría, trad. de J. J. del Solar, A. Kovacsics, C. Fortea y J. M. de Prada Samper, DeBolsillo, Barcelona, 2013, p. 818. Es significativa la destacada presencia de Canetti en la obra de Esposito. Véase *Categorías de lo impolítico* [1988], trad. de R. Raschella, Katz, Buenos Aires, 2006, pp. 183-198, o *Communitas. Origen y destino de la comunidad* [1998], trad. de C. R. Molinari Marotto, Amorrortu, Buenos Aires, 2003, pp. 53-82.

son para mí», afirma Canetti, «el modelo de lo que yo quiero con un drama; aunque naturalmente tenga que ser traducido en palabras y sea mucho más complejo»[2]. Los personajes de esta clase de teatro no se comunican entre sí. Tampoco experimentan ninguna evolución natural a lo largo de la obra, pero sí repentinos «saltos de máscara». La fuente principal de la «máscara acústica» se encuentra en Karl Kraus, quien tenía «el don de condenar a los hombres por sus propias bocas»[3] mediante el procedimiento de lo que Canetti llama «cita acústica»: la reproducción literal de las palabras ajenas en el peculiar timbre de voz de quien las pronunció. Por un lado, ese tipo de máscara parecería ser lo más personal e intransferible que cabe encontrar, aunque, por otro, representa un modo de impersonalización ciego y siniestro: lo más propio de cada cual —y aquello que lo distingue de cualquier otra *persona*— es como un sonido animal que despoja de *personalidad* a quien lo emite, como si todo lo dicho por su máscara estuviera contenido en un disco previamente grabado. Ni las palabras de la máscara acústica pertenecen a su emisor ni podría este guardarles fidelidad alguna, porque el vínculo entre quien habla y lo hablado se reduce a un encuentro azaroso. «Cuando me muevo libremente por una ciudad [...] tengo algunas veces la impresión», dice Canetti, «de estar oyendo auténticas voces animales, si bien de especies que aún no se conocen, cuya identificación es, en realidad, tarea del dramaturgo»[4]. Y cabe sospechar, desde luego, que cada una de esas especies consta, como las de los ángeles, de un solo individuo.

La «máscara acústica» de Canetti es un elocuente ejemplo de lo que queda cuando se desmonta el «dispositivo de la persona» mostrado por Roberto Esposito. Sin saber muy bien lo que hacemos —como las máscaras de Canetti—, nos engalanamos con la indumentaria casi sagrada de la persona creyendo que nos preservará para siempre de la desdichada condición de cosa, tan repulsiva para todos (no ser persona es, en efecto, *no ser nadie*), y que evitaremos atribuir, al menos en voz alta, a nuestros congéneres. Pero ser persona es entrar en un dispositivo que se funda en la

---

2. «Conversación con Manfred Durzak», cit., p. 825.
3. «Karl Kraus, escuela de resistencia», en *Arrebatos verbales*, cit., p. 325.
4. «Conversación con Manfred Durzak», cit., p. 824.

posibilidad de convertir en cosa a quien se le aplica y que, por si esto fuera poco, seguramente habrá formado a partir de una cosa previa la persona de que en cada ocasión se trate. Puede decirse, cree Esposito, que «el derecho romano, quizá más que la metafísica griega, constituye el modelo epistémico conforme al cual se ha formado la totalidad del conocimiento occidental»[5]. La *summa divisio* de que se hizo eco Gayo es, no en vano, un mecanismo que, habiendo construido la categoría de persona deslindándola netamente de las cosas, se apresura a distinguir (aunque quizá la distinción fuera previa: por eso se la llama, quizá, *summa*, es decir, la más alta y visible) entre hombres libres y esclavos:

> Todo el Derecho que usamos o bien trata de las personas (*ad personas pertinet*), o bien de las cosas (*ad res*), o bien de las acciones (*ad actiones*). Pero consideremos primero el relativo a las personas. La gran división referente al Derecho de las personas (*summa divisio de iure personarum*) estriba en que de todos los hombres unos son libres y otros son esclavos (*haec est, quod omnes homines aut liberi sunt aut servi*)[6].

Solo cuando se puede poseer cosas se es persona, y esto no atañe solo al derecho privado, sino a la condición más general de toda persona y cosa: la segunda lo es por estar sujeta a la primera y bajo su dominio, mientras que la primera se reconoce por las cosas que posee, y en particular por lo que ella misma tiene de dominable y poseíble. Para que haya persona, las cosas han de tener que quedar separadas y distinguidas de ella, y tal operación de deslinde no puede concluir nunca del todo. Soy persona porque tengo algo animal (o esclavo) sobre lo que ejercer dominio dentro de mí, fuera o a ambos lados, y eso a lo que no puedo dejar de dominar (ni, por tanto, terminar de hacerlo) tiene que ser excluido de lo que yo soy (sin poder acabar jamás semejante tarea), pero a la vez ha de estar incluido para permitir la exclusión. Lo anterior puede decirse también en orden inverso, y entonces resultará que la persona acoge a su propio exterior (al

---

5. *Infra*, p. 66.
6. Gayo, *Instituciones*, II, 8 y III, 9, ed. bilingüe con trad. de M. Abellán Velasco, J. A. Arias Bonet, J. Iglesias-Redondo y J. Roset Esteve, dir. por F. Hernández-Tejero, Civitas, Madrid, 1985, pp. 32-33.

animal que uno tiene dentro del cuerpo, al esclavo que tiene dentro de la casa o a ambos), si bien lo hace para convertirlo en un extrarradio o *banlieue*, comprendido en su territorio, aunque no asimilado a él. El dispositivo de la persona incluye para poder dividir o, si se prefiere, divide para poder incluir.

La *persona* del latín y el *prosopon* del griego eran máscaras postizas que, como tales, se superponían a la cara y se mantenían diferentes de ella, ocultándola y sustituyéndola. El rostro enmascarado es mero soporte, como el cuerpo lo es de la persona que debe disciplinarlo y como, en la persona de Cristo, la naturaleza divina se encarna en la humana sin confundirse con esta. Al igual que el comediante de la *Paradoja* de Diderot debía ponerse por entero al servicio de la ficción, sin consentir interferencia de su carácter extrateatral, así la persona debe *servirse* de su patrimonio corporal y animal, esto es, tomarlo como un conjunto de instrumentos vivientes a sus órdenes. Con excelentes motivos, Locke quiso ver en la persona —que para él era «un término forense, que imputa las acciones y su mérito»— lo que constituye el *self*, es decir, la más genuina «identidad» de uno, distinta de la poseída por el cuerpo en que uno se asienta. La persona de uno, hecha de recuerdos y de intereses inconfundibles con los de cualquier otro, es lo más íntimo y lo más inmaterial, y así tiene que ser representado, si bien esa metafórica de lo interior y lo profundo no parece muy coherente con la noción de la persona como una máscara, rostro postizo que puede aplicarse a multitud de cuerpos sin coincidir con ninguno. Conforme al primer modo de representar, la persona está en lo más hondo, pero conforme al segundo es lo más expuesto de todo y lo que *da la cara* por uno.

La esencial duplicidad de la persona puede hallarse también, según Esposito, en la cosa, la cual estará constituida por cierta materia sometida a un concepto o idea. La cosa es un objeto a disposición del sujeto, puesto de cara a él (el *gegen* del *Gegenstand* es como la posición de la persona que se muestra de frente, aunque sea una máscara), y cuenta con la garantía de que nada de su contenido se sustraerá a su posesión o escapará de ella. La esencia y el concepto son hijos de algo que es al mismo tiempo «cosa» y «causa», porque *res* designa a la vez aquello que puede ser objeto de posesión y el procedimiento (la *causa*, si bien no en sentido «causal») por el cual esa posesión puede atribuirse[7]. Al igual que ocurre con la persona, la cosa tiene en el derecho privado romano su cuna y su matriz: la *res* que puede ser poseída conforme a cierto procedimiento (el cual, por metonimia, también es *res*), y que constituye un «bien», encauza provechosamente toda la metafísica y la moral griegas y, a la vez, la teología judeocristiana de la creación. Al igual que la persona tiene que hacerse cargo de su animalidad para doblegarla, la cosa (*ente*) está volcada en su propia nada (*niente*): la nada de la que fue creada y aquella que en última instancia muestra *ser*. Para que algo sea cosa tiene que ser designable, pero ninguna designación puede cumplir su tarea, porque lo que la cosa es excede lo que de ella se dice. En realidad, lo que la palabra afirma de la cosa se queda en *nada*: al terminar de decir, aquello que había de decirse se ha escapado sin dejar rastro y lo dicho nada es ya. La palabra y el concepto quieren tener dominada a la cosa (poseída y convertida en un bien, libre del mal de la nada), aunque la cosa se evade siempre, como le ocurre al animal que la persona toma a su cargo. Cuando hablo, dice Esposito citando a Blanchot, no solo niego la existencia de lo que estoy diciendo, sino también la de la persona que lo dice[8].

No sin audacia, Esposito invoca, para combatir lo que podría llamarse el «dispositivo de la cosa», la existencia de objetos artísticos, técnicos o artesanales sustraídos al aprovechamiento y al dominio y dotados de algo semejante a un alma propia. Por ejemplo, en el poema «Dora Markus» de *Le occasioni*, de Montale, la existencia de la persona interpelada solo es posible gracias a un ratón blanco de marfil, guardado junto a un pintalabios, una polvera y una lima de uñas[9]. Ciertos objetos cuyo intercambio está sometido, según refirió célebremente Marcel Mauss, a condiciones especiales que exigen, cuando el bien es transmitido a un tercero, efectuar una donación peculiar a aquel de quien se recibió, no pa-

---

7. Esposito se apoya en Y. Thomas, «La valeur des choses. Le droit romain hors la religion»: *Annales. Histoire. Sciences Sociales* 57/6 (2002), pp. 1431-1462. Hay una reciente edición italiana en formato de libro, con prólogo de Giorgio Agamben y epílogo de Michele Spanò: *Il valore delle cose*, Quodlibet, Macerata, 2015.
8. *Infra*, p. 72.
9. *Infra*, p. 100. Cf. E. Montale, *Poesía completa*, trad., prólogo y notas de F. Morábito, Galaxia Gutenberg, Barcelona, 2006, pp. 204-205.

recen ser «cosas» en el sentido ordinario del término (ni tampoco, por cierto, «bienes», aunque sí lo constituyan en un sentido que se aparta del jurídico), y son tales excepciones del orden de las cosas las que permiten comprender aquello en lo que estas se convierten cuando se las hace objeto de posesión y dominio. Esposito tiene que atender, como es natural, al fetichismo de la mercancía de Marx y a lo sostenido por Benjamin en el ensayo sobre «La obra de arte en la época de su reproductibilidad técnica», así como al análisis de Gilbert Simondon.

Que haya cosas que no son objeto de posesión ni dominio desdibuja un tanto algunos de los trazos de la *summa divisio* de Gayo, si bien tales casos de «cosas con alma» no se dan solamente en sociedades de las llamadas primitivas ni en sus restos o supervivencias. No en vano, muchos de los materiales protésicos que la tecnología tardomoderna permite injertar en un cuerpo vivo parecen gozar de lleno de esa condición: ¿cómo negarle a un marcapasos la condición literalmente cordial, algo que equivale a decir que es «cosa» de un modo harto anómalo? Pero quizá esta atención a objetos técnicos que prolongan el propio cuerpo y a objetos artísticos o artesanales dotados de algo asimilable a un «alma» amenace con llevarnos por terrenos de difícil cartografía. Piénsese en lo que me ocurre cuando, habiendo extraviado mi bolígrafo Faber-Castell de superficie negra de rombos con el que tantas páginas he escrito desde hace cinco años —y que posee alguno de los rasgos del amuleto o del objeto animado—, busco otro igual en una papelería, lo compro y paso a usarlo como si su antecesor no se hubiese perdido. Adviértase que el caso del bolígrafo puede sustituirse por otros dotados de mayor significación: un anillo matrimonial (habitualmente conocido bajo la metonimia «alianza») puede extraviarse y ser sustituido por otro igual, al que se transmitirán todas sus propiedades (nótese que es el anillo el que tiene propiedades, más bien que ser él una propiedad; lo es tan solo en cuanto pieza de oro que podría venderse o fundirse). Si el bolígrafo o el anillo viejo vuelve a aparecer cuando el nuevo ya está en uso, el carácter de aquella pieza será ambivalente: no constituirá, sin más, un bolígrafo o una pieza dorada cualquiera, pero tampoco será, en rigor, *mi bolígrafo* ni *mi anillo*, sino que le corresponderá un carácter semejante al del monarca (secular o papal) que se mantiene con

14

vida después de haber abdicado en favor de su descendiente, el cual es, por su parte, *el único* rey o papa, aunque haya, en cierto modo, «otro» (y el caso del Ricardo II de Shakespeare, al que habremos de volver, es paradigmático). Lo anterior evoca, ciertamente, la doctrina de los «dos cuerpos del rey» descrita por Kantorowicz, a la que Esposito se refiere precisamente para poner de manifiesto la separación entre lo físico de la persona y lo que ella tiene de propiamente personal. Que se hable de los dos cuerpos del rey y no de sus dos personas es, dice Esposito, una consecuencia de la preferencia anglosajona por el cuerpo, pero esta doctrina se encuentra claramente en el ámbito de aplicación del «dispositivo de la persona». Sin embargo, la posibilidad de una transferencia de «alma» de unos objetos a otros (sin ir más lejos, del corazón extirpado, que se desecha y es pura cosa, al trasplantado, que pasa a ser, en su plenitud, *el mío*) resulta inherente a tales objetos, lo cual los coloca en un ámbito en el que parece ser de aplicación un dispositivo análogo al de la persona.

Estas consideraciones exigen, no obstante, atender a lo que Esposito señala sobre el tercer tema de su libro, el cuerpo, que pugna por borrar la *summa divisio* gayana y su impronta fatal en el pensamiento y las prácticas occidentales. El cuerpo, dice Esposito, es «lo que el sujeto reconoce dentro de sí mismo como diferente de sí mismo»[10], y contra esa suerte de alteridad interior prevalecerá siempre la razón (salvo en la línea alternativa a la que pertenecen Spinoza, Vico o Nietzsche), según una jerarquía paralela a la de lo privado sobre lo público o el provecho individual sobre el interés colectivo. Y tal cosa ocurre, en definitiva, «cuando el impulso hacia la inmunidad prevalece sobre la pasión por la comunidad»[11]. Siguiendo a Merleau-Ponty, Esposito sostiene que el cuerpo no se enfrenta a las cosas escindiéndolas, sino que nos une *directamente* a ellas[12]. El hiato que el derecho, la filosofía y la teología abrieron entre las cosas y las personas lo podrá salvar solo el cuerpo, porque, también con Merleau-Ponty, «las cosas son prolongación de mi cuerpo y mi cuerpo,

10. *Infra*, p. 88.
11. *Infra*, p. 92.
12. *Infra*, p. 96.

prolongación del mundo»[13]. El trato del cuerpo con las cosas no será entonces espiritual ni conceptual, sino *biológico*, y así la política nietzscheana «de los cuerpos, sobre los cuerpos y en los cuerpos» tejerá «una tela que integra el cuerpo en el *bios* como una forma completa de vida»[14], algo que no puede estar más reñido con ese gran supuesto de la política occidental conforme al cual «la dominación absoluta de las personas sobre las cosas queda reflejada en la dominación de unas personas sobre otras, las cuales también son reducidas a cosas»[15]. Todo lo que Esposito tiene de implacablemente destructivo o desconstructivo en su análisis del dispositivo de la persona y en su gélida anatomía de lo que entendemos por cosa se transfigura al ocuparse del cuerpo en una jovial pasión afirmativa. Personas y cosas son, en su esencia, adversas a la afirmación de la vida, y es este proceder afirmativo el único contexto posible para cobrar conciencia de la condición punitiva y carcelaria de la persona y la cosa.

Permítaseme una apostilla a la presentación que Esposito hace del cuerpo como «punto de vista» desde el que desmontar el aparato conceptual de palabras y cosas y desde el que hacer frente a sus efectos prácticos. Era obligado que Esposito se hiciese cargo del empleo metafórico del término «cuerpo» cuando este se usa en lenguaje político o teológico para designar una colectividad secular o religiosa de individuos, enlazados entre sí por un vínculo semejante al que mantiene unidas las partes de un organismo natural. Desde luego, Esposito no elude la cuestión y la trata conforme al esquema que muchos esperarían, a saber, bajo el supuesto de que, en el término «cuerpo», al igual que en cualquier otro, el sentido literal prevalece indiscutiblemente sobre cualquiera de los figurados. Una cita de Foucault, oportunamente aducida por Esposito, avala este modo de proceder: con el desarrollo de la demografía en el siglo XVIII, «el 'cuerpo' social dejó de ser una simple metáfora jurídico-política (como la del *Leviatán*) y se convirtió en una realidad biológica y en un campo para la intervención médica»[16].

13. *Infra*, pp. 96-97.
14. *Infra*, p. 93.
15. *Infra*, pp. 102-103.
16. *Infra*, p. 108. Cf. M. Foucault, *Dits et écrits 1954-1988*, vol. II: 1976-1988, ed. de D. Defert, F. Ewald y J. Lagrange, Gallimard, París, 2001, p. 450.

Que el cuerpo social o político sea «simple metáfora» y no cabal realidad es doctrina viejísima, tan vieja por lo menos como la interpretación nominalista del *corpus politicum* medieval[17], y mucho podría añadirse sobre la suposición de que algunas palabras son «simples metáforas», pero lo más instructivo del caso es que, una vez que se tropieza con la realidad, esta necesita ser apellidada precisamente como «biológica», esto es, como perteneciente (justamente mediante metonimia) no al mismísimo *bios*, sino más bien al *logos* de ese *bios*[18].

Sin embargo, los tropos son, en realidad, alteraciones del cuerpo y el alma de palabras y cosas. Cuando en la *Poética* de Aristóteles se llama «copa de Ares» a un escudo (por contraposición al «escudo de Dioniso», que resulta ser copa), lo ejecutado por el tropo puede describirse diciendo que esa cosa que «es» el escudo ha pasado a llamarse con el nombre de otra cosa (el de la copa), una cosa que el escudo ciertamente no es. Conforme a esta descripción, el tropo resulta ser una operación que se practica con las cosas (con los cuerpos de estas, por así decir) para cambiarles el alma, aunque también puede y debe verse como una intervención que se lleva a cabo no en el cuerpo de la cosa, sino en el de la palabra, si bien, como en el caso anterior, también mediante la transfiguración o el trasplante de su alma; y así la palabra «copa», sin que su cuerpo se altere en lo más mínimo (tan solo se le añade el complemento nominal «de Ares», una vestidura de la que se puede prescindir cuando se quiera), pasa a ser animada de un alma distinta. El cuerpo de la cosa es ciego a su nombre figurado y no entiende de tropos, pero lo que importa es que *tampoco* sabe nada de nombres literales, los cuales resbalan por su superficie como una gota de agua a punto de evaporarse. Justamente lo mismo que le ocurre al cuerpo de la palabra, para el cual el sentido literal y el figurado están en pie de igualdad, algo que tiene vigencia en todos los cuer-

---

17.   Véase sobre el tema, a propósito de *Ricardo II* de Shakespeare, la breve apostilla, con referencias a Pollock, Maitland y Gierke, de E. H. Kantorowicz, *The King's Two Bodies. A Study in Mediaeval Political Theology*, con un nuevo prefacio de W. C. Jordan, Princeton UP, Princeton, NJ, 1997, p. 29, n. 17.

18.   Me permito traer a colación lo que, sobre las que he llamado «metonimias disciplinares», se dice en mi libro *La fábrica del bien. Ensayo sobre la invención de la moral*, Síntesis, Madrid, 2008, pp. 82-103.

pos constituidos por letras escritas, sin que quepa excluir el de la palabra «cuerpo».

La paradoja tropológica del cuerpo consiste en que, si la palabra que lo designa se toma en su corporeidad gráfica o sonora —esto es, como un significante que no jerarquiza los significados que puede recibir, semejantes entre sí o totalmente dispares—, entonces el cuerpo individual de carne y hueso no gozará de ninguna prioridad respecto del cuerpo figurado, correspondiente a una forma política «encarnada» (y sobre la «carne» en cuestión, aun siendo distinta del cuerpo, puede decirse lo mismo) en un tiempo y un lugar determinados, a semejanza de lo que ocurrirá con la pintura que representa algo y la «cosa misma» representada, respecto de las cuales solo un platonismo antipictórico y poetófobo proclamará que lo que se llama original es la verdad de lo que se llama copia. Esposito señala que, con la invención de la biopolítica, «el cuerpo se convirtió en el contenido más bien que en el significante metafórico del orden político»[19], y en ese momento «la fractura que separaba en el régimen soberano el cuerpo de la cabeza se extendió más profundamente en el interior del cuerpo»[20]. Desde luego, es muy cierto que, cuando el cuerpo pasa a ser «contenido» de la política, el significante «cuerpo político» se esfuma, pero gran parte de la tarea del teórico consiste en tomar, sin duda de manera anacrónica, los usos pretéritos o soterrados de los significados en pie de igualdad con los que la ideología vigente toma como contemporáneos. La distinción entre lo contemporáneo y lo pasado es como la que hay entre lo literal y lo metafórico: seguramente la misión del pensamiento es dejar de tomarse en serio esa frontera (no para transgredirla solemnemente, sino para tomarla como pedantería ideológica), contemplando qué aspecto ofrecen las cosas cuando tal frontera ha caído en el desprestigio.

En las últimas páginas de *Personas, cosas, cuerpos*, Esposito advierte lúcidamente que en el régimen biopolítico contemporáneo «el mecanismo que unifica la vida por medio de su ruptura interna parece haberse atascado. Es como si los dos cuerpos del rey se hubiesen bifurcado de un modo que ya no permitiera reunirlos,

19. *Infra*, p. 109.
20. *Ibid.*

permaneciendo sin reconciliar, cara a cara, como ocurrió en *Ricardo II* de Shakespeare»[21]. La revolución tecnológica y la globalización han hecho, en efecto, que el líder cobre autonomía respecto al aparato institucional del que depende, aunque esto ocurre «en beneficio del cuerpo físico» del dirigente, un cuerpo «puesto al descubierto en sus más íntimos pliegues»[22]. Este «síndrome populista», que completa la conversión de la política en espectáculo iniciada en los años treinta del siglo XX, es, según Esposito, síntoma del desmoronamiento de un sistema que, durante los cuatro siglos de vida del Estado moderno, aunó poder personal y funcionamiento impersonal. Quien abandonase aquí la lectura de *Personas, cosas, cuerpos* se quedaría, ciertamente, con la impresión de que tiene entre las manos un libro apocalíptico. Pero quien, además, lea las dos páginas siguientes, últimas de la obra, será transportado a un estado de ánimo totalmente contrario. Porque Esposito cree que, si se desciende de la cabeza a las restantes partes del cuerpo político, lo que se pone de manifiesto es que dicho cuerpo ha cobrado «un valor intensamente impersonal», al estar formado por «los cuerpos vivos de quienes sienten que ya no están representados por las instituciones»[23]: las multitudes congregadas en las plazas de medio mundo no cesan de hablar, y «sus palabras se corporeizan en cuerpos que se mueven al unísono, con el mismo ritmo, en una única ola de emoción»[24].

Aunque el resultado de lo anterior sea incierto, hay en ello, según Esposito, una novedad radical: «Ajeno tanto a la semántica de la persona como a la de la cosa, el cuerpo viviente de multitudes crecientemente vastas exige una renovación radical de los vocabularios de la política, el derecho y la filosofía»[25]. Puede que Esposito lleve razón, pero la ocupación corporal de plazas y calles, que, en efecto, se inicia proclamando que quienes dicen representar a los congregados no lo hacen, amenaza quizá con desembocar en las formas de representación más típicas de la sociedad del espec-

---

21. *Infra*, p. 110.
22. *Ibid.*
23. *Infra*, p. 111.
24. *Ibid.*
25. *Infra*, p. 112.

táculo. No se trata solo de que las multitudes busquen un líder apreciando hasta el arrebato algunos de los rasgos corporales ostentados por este (o, más precisamente, por su *imagen*). Lo en verdad importante es la sospecha de que aquello que parece una toma del espacio público por los cuerpos de las multitudes es de hecho, por lo menos en gran cantidad de casos, una suerte de sesión fotográfica colectiva en la que la multitud no aspira a mudar las relaciones de poder, sino a abrirse paso en el mercado de las imágenes. La representación audiovisual —digital o no— de una multitud que se alza contra su representación política es quizá, no en vano, la verdad de esa ocupación corporal de los espacios. Cuando entre 1848 y 1939 las masas ocupaban la calle, el éxito de la iniciativa se medía por su mayor o menor contribución a la toma del poder, presente o futura, mientras que, cuando lo hacen en la Modernidad tardía, su triunfo se mide por el lugar que las imágenes producidas ocupan en el *ranking* de las imágenes vistas, reproducidas, repetidas y comentadas.

Lo anterior no atañe, sin embargo, a lo que más importa de la propuesta de Esposito aquí (y también en *Dos*[26] y en *Tercera persona*[27]). Que la persona es un dispositivo y que la tarea del pensamiento no consiste en moverse dentro de él, sino en bloquearlo, es una tesis intempestiva que escandalizaría a multitudes de seres bienpensantes en caso de que llegasen a conocerla. Ese desmontaje, tal como Esposito lo ha preparado y realizado, es una verdadera hazaña filosófica, que debería pasar al patrimonio cultural ordinario para que el público se hiciese una idea de lo que significa pensar cuando el pensamiento no se subordina a las necesidades de la opinión ni se adapta a lo que se espera de él. El dispositivo de la persona nos personaliza a todos atribuyendo a cada uno una identidad intransferible en la que se comprende lo más particular de cada cual, pero lo hace bajo la condición, apenas disimulada, de que lo más irreductible de ti y lo más peculiar de mí sean estrictamente clones. Lo máximamente personal es

26. R. Esposito, *Dos. La máquina de la teología política y el lugar del pensamiento* [2013], trad. de M.ª T. D'Meza y R. Molina-Zavalía, Amorrortu, Buenos Aires, 2016.
27. R. Esposito, *Tercera persona. Política de la vida y filosofía de lo impersonal* [2007], trad. de C. R. Molinari Marotto, Amorrortu, Buenos Aires, 2009.

trivialmente impersonal, si bien lo que debería ser impersonal de verdad —es decir, lo correspondiente a cualquiera, allí donde los rostros no se desdibujan, sino que se confunden porque podrían intercambiarse— queda atrapado en el cepo de la persona en la manera más banal imaginable: lo que te corresponde precisamente porque tu identidad está en riesgo constante de disolución no te será asignado en respuesta a ese peligro, sino porque (mitad por metafísica griega, mitad por derecho romano) el riesgo ha sido olvidado. Te asimilas a los demás para poder diferenciarte, aunque te distingues de ellos para coincidir con lo que todos sin excepción hacen y son en este preciso momento.

El prurito de singularidad y el impulso de comunión con los otros no solo constituyen las dos caras de una misma moneda, sino también hitos necesarios de un único recorrido, que no cesa de dar vueltas sobre sus propios pasos y no puede dejar de hacerlo ni un solo momento. Cuanto más singulares, más uniformes, y también a la inversa, porque lo singular y lo uniforme son dos modos —los dos que hay— de lo personal. Puede que quepa llamar «cuerpo» a lo que, en las personas y las cosas, tendría que ser dominado del todo y solo puede serlo en parte. Pero entonces ese espacio será, más que una región irredenta con límites precisos, el conjunto de todas aquellas zonas del territorio propio cuyas cartografía y población son tan inciertas que convierten a la palabra «propio» en una estúpida petulancia. La persona y el patrimonio propios son lo que uno puede ostentar como objeto de dominio, aunque en el interior de esos bienes hay siempre más oquedades de las inventariadas. Designar tales espacios no es tarea sencilla, pues la imposición de nombre suele ir unida a la posesión del bien de que en cada caso se trate: poseo la cosa y, en justa correspondencia, ella posee el nombre que le doy yo. Pero quizá de lo que se trata es de usar los nombres fuera de todo régimen de imposición, esto es, de emplearlos a sabiendas de que nunca se ajustan del todo a las cosas (ni a las personas) y que solo las tocan a tientas y a ciegas, en una designación apresurada y a menudo sonámbula, lo cual vale para los nombres llamados comunes y también para el propio. De ser cierto lo anterior, a la palabra «cuerpo» le tocaría ese mismo destino.

Desmontar personas y cosas no constituye, desde luego, una tarea fácil. No solo implica desaprender casi todo lo que se sabe, sino también deshacerse de hábitos mucho más viejos que quien los posee. Sabido es, dice Pierre Michon en *Corps du roi*, que

> ... el rey tiene dos cuerpos: un cuerpo eterno, dinástico, que el texto entroniza y consagra, y al que arbitrariamente llamamos Shakespeare, Joyce, Beckett, o Bruno, Dante, Vico, Joyce, Beckett, pero se trata del mismo cuerpo inmortal ataviado con pasajeros andrajos; y hay otro cuerpo mortal, funcional, relativo, el andrajo, que se encamina a la carroña; que se llama, y nada más se llama, Dante y lleva un gorrito que le baja hacia la nariz chata; o nada más se llama Joyce, y entonces tiene anillos y mirada miope y pasmada; o nada más se llama Shakespeare, y es un rentista bonachón y robusto con gorguera isabelina[28].

Semejante cuerpo mortal, prosigue Michon, puede llamarse Samuel Beckett y puede estar sentado, en 1961, ante el fotógrafo Lufti Özkök, «que a su modelo vestido de oscuro le colocó detrás un paño oscuro, para dar al retrato que le va a hacer un toque del Ticiano o de Philippe de Champaigne». Este fotógrafo de escritores, turco y esteticista, tiene por oficio «retratar, recurriendo a cumplido artificio, maña y técnica, ambos cuerpos del rey, la simultánea aparición del cuerpo del Autor y el de su encarnación del momento, el Verbo vivo y el *saccus merdae*»[29]. Pero quizá toda fotografía de un rostro humano, aunque no sea Autor ni Verbo vivo, es como la de un escritor canonizado: la de una materia que se encamina a la carroña y la del autor impersonal de palabras gloriosas, banales y torpes, y de portentosos y ridículos malentendidos. De ser así, puede que la tarea del pensamiento sea la inversa de la de Lufti Özkök: en cada superposición de esos dos rostros, lo que deberá hacerse es descomponer y desfigurar el resultado, de modo que se obtengan imágenes literalmente irreconocibles. Mirarse al espejo y encontrar un rostro desconocido es quizá el premio del verdadero pensamiento. El malestar que causa en algunas personas la audición de la propia voz —y la turbación que causaría oír «citas acústicas» propias, como las que producía Karl Kraus y describía Canetti— consti-

---

28. *Cuerpos del rey* [2002], trad. de M.ª T. Gallego Urrutia, Anagrama, Barcelona, 2006, p. 15.
29. *Ibid.*, p. 16.

tuye, por su parte, un signo de la secreta falta de confianza de la persona en su propio dispositivo. Un premio y un malestar así aguardarán a quien tome en serio el pensamiento de lo impersonal que Roberto Esposito viene defendiendo y practicando.

Madrid, junio de 2016

INTRODUCCIÓN

Si hay un postulado que parece haber organizado la experiencia humana desde sus mismos orígenes, ese es el de la división entre las personas y las cosas. Ningún otro principio está tan profundamente arraigado en nuestra percepción y en nuestra conciencia moral como la convicción de que no somos cosas, porque las cosas son lo opuesto a las personas. Y sin embargo, esta idea, que nos parece casi naturalmente obvia, es en realidad el resultado de un largo proceso disciplinario que recorre, modelándolas, la historia clásica y moderna. Cuando el jurista romano Gayo, en sus *Instituciones*, identificó personas y cosas como las dos categorías que, junto con las acciones, constituyen la materia sujeto de la ley, no hizo más que otorgar valor jurídico a un criterio ya ampliamente aceptado. Desde entonces, esta distinción se ha reproducido en todas las codificaciones modernas, convirtiéndose en el presupuesto que sirve como terreno implícito para todas las demás argumentaciones, tanto las de carácter jurídico como las de carácter filosófico, económico, político y ético. Existe una línea divisoria en el mundo de la vida que lo secciona en dos áreas definidas por su oposición mutua. Uno se sitúa o bien a este lado de la divisoria, con las personas, o bien del otro lado, con las cosas: no hay un segmento intermedio que las una.

No obstante, los estudios antropológicos nos cuentan una historia diferente, una historia que tiene lugar en sociedades donde la gente y las cosas forman parte del mismo horizonte, donde no solo interaccionan sino que en realidad se complementan entre sí. Más que meras herramientas u objetos poseídos como propiedad privada, las cosas constituyen el filtro a través del cual los humanos, sin modelar aún por el dispositivo de la persona, entran en relación entre sí. Conectados en una práctica que precede a la segmentación de la vida social en los diferentes lenguajes de la religión, la economía y la ley, estas sociedades ven las cosas como seres animados con capacidad de afectar a su destino y, por tanto, merecedores de un cuidado especial. Para hallar sentido a estas sociedades, no podemos observarlas desde el ángulo de las personas o las cosas; en vez de esto necesitamos examinarlas desde la perspectiva del cuerpo. El cuerpo es el lugar sensible donde las cosas parecen interaccionar con la gente hasta el punto de convertirse en una especie de extensión simbólica y material de esta. Para hacernos una idea, pensemos en lo que determinadas obras de arte o determinados objetos tecnológicos significan para nosotros hoy día: parecen dotados de una vida propia que, de alguna manera, se comunica con la nuestra.

Este paralelismo entre las sociedades arcaicas y la experiencia contemporánea es en sí mismo una prueba de cómo nada desaparece de la historia sin dejar rastro, aunque acabe reproduciéndose de formas que a menudo no admiten comparación entre sí. También demuestra el hecho de que el horizonte moderno, compuesto genéticamente por la confluencia entre la filosofía griega, el derecho romano y la concepción cristiana, no agota el arco de posibilidades. Parece que, en la era de su declive, se estuviera produciendo una grieta en el modelo dicotómico que durante mucho tiempo ha opuesto el mundo de las cosas al mundo de las personas. Cuanto más incorporan los objetos tecnológicos, junto con el conocimiento práctico que los ha hecho útiles, una especie de vida subjetiva menos podemos reducirlos a una función exclusivamente servil. Al mismo tiempo, las personas que en un momento dado aparecían como mónadas individuales pueden ahora, a través del uso de las biotecnologías, albergar en su interior elementos procedentes de otros cuerpos o incluso de materiales inorgánicos. El cuerpo humano se ha convertido por tanto en el canal de flujo y en el —ciertamente delicado— operador de una relación cada vez menos reducible a una lógica binaria.

Pero antes de perfilar una manera diferente de contemplar a personas y cosas desde el punto de vista del cuerpo, debemos reconstruir las coordenadas que durante tanto tiempo han comprimido y continúan comprimiendo la experiencia humana dentro los confines de esta excluyente ecuación binaria. La razón de ello es el hecho de que la dimensión corporal fue precisamente lo excluido. Por supuesto, esto no tuvo lugar en el campo de las prácticas, que siempre ha orbitado alrededor del cuerpo; ni tampoco en el campo del poder, que se mide por la distinta capacidad de controlar lo que el cuerpo produce. Sin embargo, en el campo del conocimiento el cuerpo sí fue excluido, especialmente en el pensamiento jurídico y filosófico, cuyo objetivo, en general, ha sido la eliminación de la especificidad del cuerpo. Puesto que no se halla bajo la categoría de persona ni de la de cosa, el cuerpo ha oscilado durante mucho tiempo entre ambas sin encontrar un lugar estable. En la concepción jurídica romana, así como en la concepción teológica cristiana, la persona nunca fue coextensiva del cuerpo viviente que la encarnaba. De manera similar, en las tradiciones filosóficas occidentales clásica y moderna, la cosa ha sido en cierta forma «descorporeizada» al ser disuelta en la idea o en la palabra. En ambos casos, la división establecida en principio entre la persona y la cosa es reproducida de nuevo en cada una de ellas, separándolas de su contenido corporal.

Por lo que respecta a la «persona», el término griego clásico en el que tiene origen explica el espacio que la separa del cuerpo viviente: igual que una máscara nunca se adhiere completamente a la cara que cubre, tampoco la persona jurídica coincide con el cuerpo del ser humano al que se refiere. En la doctrina jurídica romana, más que al ser humano como tal, *persona* se refiere al rol social del individuo, mientras que en la doctrina cristiana la persona reside en el núcleo espiritual irreducible a la dimensión corporal. Sorprendentemente, a pesar de las metamorfosis internas de lo que podríamos muy bien definir como el «dispositivo de la persona», este nunca llega a liberarse de su fractura original. El derecho romano clásico fue el primero en crear esta ruptura en la especie humana, seccionando a la humanidad con umbrales de personalidad decreciente que iban del estatus de *pater* al estatus cosificado del esclavo. La misma fractura fue creada por la doctrina cristiana en su distinción entre cuerpo y alma, así como por la filosofía moderna en su diferenciación entre sustancia pensante (*res cogitans*) y sustancia extensa (*res extensa*). En todos estos casos, el *bios* es segmentado de formas diversas en dos áreas diferentemente valoradas, siendo una de ellas subordinada a la otra.

El resultado es una dialéctica entre personalización y despersonalización que ha sido reelaborada de nuevas formas en distintas ocasiones. En la Roma antigua una persona era alguien que, entre otras cosas, poseía seres humanos que eran arrojados al reino de las cosas. Este era el caso no solo de los esclavos, sino también, en grado diverso, de todos los individuos que fueran *alieni iuris*, es decir, que no fueran sus propios dueños. En la filosofía moderna, hasta Kant y después de él, esta relación de dominación se reprodujo en la descomposición de la identidad subjetiva en dos núcleos asimétricos, uno de los cuales estaba destinado a regir al otro de acuerdo con su propio juicio inflexible. Apenas sorprenderá, en una concepción de este tipo, que el ser humano sea considerado un compuesto de animalidad y racionalidad, clasificable como persona solo en la medida en que sea capaz de dominar al animal que habita en él. El hecho de que el animal interior coincida con la esfera corporal, sujeta de forma natural a los instintos y pasiones, explica su exclusión de la esencia completamente humana. Sin embargo, lo que es excluido, al ser externo a la ecuación binomial entre persona y cosa, es el mismo elemento que permite pasar de una a otra. De hecho, ¿cómo fue posible que generaciones enteras de seres humanos redujeran a otros seres humanos a la categoría de cosas a no ser sometiendo completamente a su voluntad los cuerpos de estos últimos?

Este es solo el primer vector en la reconstrucción genealógica ofrecida en este libro. Otro vector, opuesto y complementario al primero, intersecciona con este y funciona como su contrapunto. Al proceso de despersonalización de las personas corresponde el de desreificación de las cosas. El epicentro teórico y temático de este libro es el vínculo que une ambas categorías de personas y cosas, conduciéndolas a las mismas consecuencias divisivas. Para entender la importancia de este nodo, no debemos perder de vista la paradójica intersección entre unidad y división: uno sirve como el lugar donde el otro es puesto en práctica. Dado que se hallan fracturadas por la misma separación, a pesar de ser contrarias, personas y cosas comparten una similitud. En los protocolos en los que se basa nuestro conocimiento, investimos a las cosas de una separación similar a la que secciona a las personas, causando la progresiva pérdida de su sustancia. Mientras que la ley ya contemplaba las cosas desde el punto de vista formal de las relaciones de propiedad, la metafísica creó un efecto similar al despojarlas de sus partes más sustantivas a través de la abstracción de su contenido material. La cosa fue separada de sí misma en el momento en que fue anclada en una idea trascendente, como hizo Platón, o en una fundación inmanente, como hizo Aristóteles. En ambos casos, más que corresponder a su existencia particular, la cosa fue colgada de una esencia que iba más allá de ella, independientemente de su localización fuera o dentro de la cosa misma. Incluso Hegel, en un horizonte dialéctico distinto, solo afirmó la cosa como tal en contraposición al fundamento de su negación. Esta implicación entre el «ser» y la «nada» [*ente* y *ni-ente* en italiano], que aparece como consecuencia de la reducción moderna de la «cosa» a «objeto», es lo que Heidegger llamó nihilismo.

También el lenguaje causa un despojamiento parecido al nombrar la cosa. Al transformarla en una palabra, el lenguaje la vacía de realidad y la convierte en un puro signo. El nombre de la rosa no solo no coincide con la rosa real, sino que suprime la concreción singular de la flor, convirtiéndola en un significante general. Hay algo más en la división resultante que la brecha que Foucault vio abrirse, con el inicio de la Época Moderna, entre las palabras y las cosas; algo que tiene que ver más con la forma negativa inherente al lenguaje humano. El lenguaje puede «decir» la cosa solo negando su presencia real, transfiriéndola a un plano inmaterial. Si pasamos —en una amplia oscilación de nuestra brújula— de la esfera lingüística a la económica, hallamos un proceso no muy distinto. La reducción de la cosa a mercancía, a producto de consumo, y posteriormente a material desechable, provoca un efecto igualmente divisor. Multiplicada por una producción potencialmente ilimitada, la cosa pierde su singularidad, convirtiéndose así en el equivalente de un incontable número de otras cosas. Una vez se halla alineada en un inventario de objetos intercambiables, la cosa está lista para ser reemplazada por un artículo idéntico, de forma que pueda más adelante ser destruida al volverse innecesaria. De Walter Benjamin en adelante, ni siquiera aquellos pensadores que consideran la reproductibilidad técnica como una liberación de la cosa de su aura tradicional pueden ocultar el efecto de pérdida que esta reproductibilidad supone para su poseedor.

Lo que defiendo en las páginas siguientes es que la única forma de desenredar este nudo metafísico entre la cosa y la persona es aproximarnos a él desde el punto de vista del cuerpo. Porque el cuerpo humano no coincide con la persona o con la cosa, sino que abre una perspectiva externa a la fractura que la una proyecta sobre la otra. Anteriormente mencioné la existencia de sociedades arcaicas caracterizadas por tipos de intercambio no comerciales. Sin embargo, estos tipos —junto con un pasado irremisiblemente perdido— no son el objeto de este libro. En términos de poder o conocimiento, no podemos, yendo hacia atrás, ir más allá de la Época Moderna. Si acaso, el paralelismo emergente es una línea de pensamiento que serpentea a lo largo de la Modernidad siguiendo una ruta diferente a la que actualmente conecta a Descartes con Kant. Los nombres de Spinoza y Vico y, más adelante, el solitario nombre de Nietzsche, apuntan a una relación con el cuerpo ajena a la dicotomía cartesiana entre *res cogitans* y *res extensa*. Es una relación que pretende hacer del cuerpo el lugar único donde se unen nuestra experiencia individual y colectiva.

Desde esta perspectiva, el cuerpo no solo reconstruye la relación entre personas y cosas destruida por la gran división de Gayo, sino que también vuelve a trazar —en sentido inverso— el paso moderno de la *res* al *obiectum* que, en último término, convirtió a la cosa en algo hueco. La rama de la filosofía del siglo XX que reinterpreta la relación entre personas y cosas a través de la lente del cuerpo es la fenomenología, y especialmente la fenomenología francesa. Para estos pensadores, el cuerpo humano tiene una doble función. La primera es salvar la brecha entre *logos* y *bios* producida en el ser humano a través del efecto separador del dispositivo de la persona; la segunda es devolver su naturaleza de cosa singular al objeto intercambiable. Desde este ángulo, cuando las cosas se hallan en contacto con el cuerpo, es como si adquirieran un corazón propio, que las conduce de vuelta al centro de nuestras vidas. Cuando las rescatamos de un destino en serie y las reintroducimos de vuelta en su marco simbólico, nos damos cuenta de que forman parte de nosotros en la misma medida en que nosotros formamos parte de ellas. Hoy día, la tecnología biológica de implantes y trasplantes —que introduce en el cuerpo individual

30

fragmentos de cuerpos de otras personas o incluso cosas en forma de máquinas corporales— representa una transformación que sobrepasa los límites de propiedad de la persona. Contrariamente a las perspectivas reactivas de corte nostálgico, esta antropotecnología —nuestra capacidad para cambiarnos a nosotros mismos— debe ser vista como un recurso crucial, y no solo como un riesgo potencial, para el animal inherentemente tecnológico que hemos sido desde nuestros inicios.

Sin embargo, dado su significado polivalente, el cuerpo humano también asume una función política que hoy día se ha convertido en absolutamente central. Desde luego, lo político siempre ha tenido una relación privilegiada con los cuerpos tanto de los individuos como de las poblaciones. Pero lo que hasta determinado momento pasó a través de una serie de filtros categoriales y formas de mediación institucional, se ha convertido ahora en una materia directamente afectada por las nuevas dinámicas políticas. Más que un mero telón de fondo, la vida biológica es cada vez más el sujeto y el objeto del poder. Este es el paso crucial que Michel Foucault, antes que ningún otro, llamó «biopolítica», aludiendo específicamente al rol prominente desempeñado por el cuerpo. Mientras que en la Época Moderna el individuo era confinado a la noción formal de «sujeto de derecho», actualmente tiende a corresponderse con su dimensión corporal. De la misma forma, el conjunto de la población ha entrado en una relación sin precedentes con una corporeidad consistente en aquello que necesitamos, queremos y deseamos, involucrando a la vida biológica en todas sus facetas. Como resultado, el cuerpo se ha convertido cada vez más en la cuestión que ponen en juego intereses en competencia—de naturaleza ética, jurídica y teológica— y, por tanto, en el epicentro del conflicto político. No obstante, esta nueva centralidad del cuerpo puede llevar a consecuencias divergentes e incluso opuestas, inclusivas o exclusivas. Cuando es aplastado hasta su dimensión racial, el cuerpo es el objeto de una exclusión llevada al extremo de la aniquilación; en su forma colectiva, puede convertirse en el agente de reestructuración política de un pueblo y también entre pueblos distintos.

Como muchos conceptos políticos fundamentales, la noción de «pueblo» comporta una dualidad inherente que tiende a separarlo de sí mismo. Por un lado, consiste en la totalidad de los ciudadanos en una forma coincidente con la nación. Pero, por otro lado, y empezando con el antiguo *demos* griego, el pueblo también designa la parte de sí mismo que es subalterna y, en un sentido estricto, plebeya o «popular». Como el dispositivo de la persona, el pueblo incluye en su interior un área que, de otra manera, se halla excluida y marginada. Cabría decir que una gran parte de la historia occidental gira en torno a este margen oscilante que, a un tiempo, une y separa los «dos» pueblos existentes dentro de cada pueblo. Desde la antigua metáfora de los «dos cuerpos del rey», una disparidad —entre la cabeza y el cuerpo, el rey y el pueblo, la soberanía y la representación— ha sido siempre perceptible en el cuerpo político, asegurando su funcionalidad. Hoy día, en el régimen biopolítico contemporáneo, la entrada del cuerpo en cada dinámica política relevante ha hecho esta variación aún más conspicua. La persona del líder ya no puede separarse de la exposición continuada de su cuerpo, en una superposición de las dimensiones pública y privada que nunca había sido tan absolutamente completa —de la forma en que inevitablemente lo es en la actual sociedad del espectáculo, o como lo fue en el pasado en el caso de los, por otra parte diferentes, líderes totalitarios—.

En correspondencia con esta incorporación biopolítica de la persona se halla el otro polo del cuadrante político: el cuerpo impersonal y colectivo compuesto de masas de mujeres y hombres que ya no se reconocen en los canales de representación. Por supuesto, la composición de estas subjetividades políticas varía dependiendo de las situaciones y contextos. Pero lo que vemos en el resurgir de los movimientos de protesta que actualmente llenan las plazas públicas en muchas partes del globo es la propagación inevitable de las instituciones democráticas más allá de sus confines clásicos y modernos. Hay algo en estas multitudes, a buen seguro de diverso tipo, que precede incluso a sus propias demandas, algo constituido por la presión conjunta de cuerpos moviéndose al unísono. Lo que estos cuerpos señalan, con un carácter que no puede ser reducido al perfil incorpóreo de la persona, es la reunificación de las dos partes del pueblo que no pasa ya por la exclusión de una de ellas. En pocas palabras, la tarea que estos eventos nos convocan a llevar a cabo es la descomposición de la máquina teológico-política que desde tiempos inmemoriales ha unificado el mundo subordinando a su parte más débil. Está por ver hasta qué punto esta llamada obtendrá respuesta a través de la acción. Sin embargo, una cosa es cierta: ningún cambio real en nuestras actuales formas políticas es imaginable sin una alteración igualmente profunda de nuestras nociones interpretativas.

1

PERSONAS

POSESIÓN

Desde tiempos inmemoriales nuestra civilización se ha basado en la más clara distinción entre personas y cosas. Las personas se definen primariamente por el hecho de no ser cosas, y las cosas por el de no ser personas. Entre las dos parece no haber nada: ni el sonido de las palabras ni el escándalo de los cuerpos. El mundo mismo no parece más que la falla natural sobre cuya línea las personas adquieren —o pierden— cosas. El derecho romano, empezando por las *Instituciones* de Gayo, estableció la distinción entre acciones, personas y cosas como la base de todos los sistemas jurídicos (*Instituciones* I, 8). Ciertamente, este texto no representa la totalidad de la concepción jurídica romana, pero la influencia que ha ejercido en la Modernidad en su conjunto ha sido crucial. Pocas formulaciones han tenido un efecto de este calibre durante tanto tiempo. Toda la experiencia humana ha sido separada por una línea divisoria que no admite otras posibilidades. Toda entidad de la que el derecho se ocupa, si no es una acción, es o una persona o una cosa, de acuerdo con una sencilla y clara distinción: una cosa es una no-persona y una persona es una no-cosa.

La relación entre ambas es de dominación instrumental, pues el papel de las cosas es servir o, al menos, pertenecer a las personas. Puesto que una cosa es aquello que pertenece a una persona, se sigue que quienquiera que posea cosas disfruta del estatus de persona y puede ejercer su dominio sobre ellas. Ciertamente, hay algunas cosas que no podemos dominar y que, en realidad, nos dominan

35

de alguna forma porque son más poderosas que nosotros, como las fuerzas de la naturaleza —la altura de las montañas, el oleaje del océano o el temblor de la tierra—. Sin embargo, las cosas son en general consideradas «tácitos esclavos, ciegas y extrañamente sigilosas»[1], al servicio de las personas. Ocupan literalmente el lugar de los sirvientes, «puesto que si cada instrumento pudiera cumplir la función que se le ha ordenado», observa Aristóteles, citando un famoso verso de la *Ilíada* (XVIII, 376), «... los maestros artesanos no necesitarían ayudantes ni esclavos los amos» (*Política* I, 4, 1253b-1254a). Necesitamos cosas. Sin ellas, la gente se vería privada de todo aquello que necesita para vivir, y en último término, de la vida misma. Por esta razón, las cosas que poseemos son definidas como «bienes», la totalidad de los cuales constituye lo que aún hoy llamamos patrimonio, en referencia al *pater.* Hay buenas razones para reflexionar sobre el hecho de que la idea de «bien» coincida con la idea de una cosa que poseemos: un bien no es una entidad positiva, ni siquiera una forma de ser, sino algo que poseemos[2]. Esto atestigua la absoluta primacía del tener sobre el ser que ha caracterizado nuestra cultura ya durante cierto tiempo: una cosa no es ante todo lo que *es* sino lo que alguien *tiene*. Es una posesión que nadie más puede reclamar. Aunque las cosas fueron dadas a los seres humanos en común, siempre acaban en poder de un propietario que puede disponer de ellas, usarlas e incluso destruirlas como le plazca. Están en manos de cualquiera que las posea.

Esta última expresión debe ser entendida en su sentido más literal. La mano que agarra y sujeta es una de las características distintivas de la especie humana. «En muchos animales», observa Elias Canetti, «en vez de la garra o de la mano es sin más el hocico armado el que se encarga de aferrar. Entre los hombres, la mano que ya no suelta se convierte en el símbolo propiamente dicho del poder»[3]. Cuando hablamos de nuestra mano como el órgano que humaniza

---

1. J. L. Borges, «Las cosas», en *Obras completas*, Emecé, Buenos Aires, 1974, p. 992.
2. Para un tratamiento distinto de la cuestión, véase E. Coccia, *Il bene nelle cose*, il Mulino, Bolonia, 2014, así como M. Douglas y B. C. Isherwood, *The World of Goods*, Routledge, Nueva York, 1996.
3. E. Canetti, *Masa y poder*, Alianza, Madrid, 1983, p. 200.

el mundo creando artefactos o sellando promesas, tendemos a pasar por alto un acto mucho más antiguo, el de la apropiación desnuda. La cosa pertenece antes que nada a quienquiera que la coja. Estar «a mano» significa, antes que estar fácilmente disponible, estar bajo el control de la persona que posee la cosa. Para reclamar la posesión en disputa de una cosa, en el foro romano los litigantes ponían físicamente la mano sobre ella delante del magistrado. *Conserere manum*, cruzar las manos sobre la cosa en disputa, era un acto íntimamente vinculado a su aprehensión física[4]. Para completar el ritual de propiedad, el individuo que afirmaba ser su propietario tocaba la cosa con una vara (la *festuca*) mientras pronunciaba la fórmula solemne: «Declaro que esta cosa me pertenece [...] de acuerdo con el derecho quiritario» (*Instituciones* IV, 16). El aspecto relacionado con la propiedad prevalecía incluso sobre la identidad de la cosa. Lo que cualificaba a la cosa no era esencialmente su contenido, sino más bien el hecho de ser de alguien y de nadie más, de una forma que no pudiera ser objeto de disputa.

Esta práctica judicial se remonta a un ritual aún más antiguo, popular en la región del Lacio en tiempos primitivos, que iba asociado a la declaración de guerra. Tito Livio nos cuenta como la declaración era precedida de una petición dirigida a otro pueblo para que devolviera las cosas ilegalmente poseídas por él. *Res repetere*, pedir estas cosas, era el último aviso antes de recuperarlas por la fuerza. Si no eran devueltas, tras una invocación a los dioses, se declaraba la guerra (I, 32, 5-14). A la guerra siempre se iba, en último término, por cosas: para defender las de uno o conseguir las de otro por la fuerza. Como observa Canetti, a la larga «cualquier otra forma más paciente de multiplicación se rechaza y se considera despreciable. Se conforma así una especie de religión de guerra del estado: su intención tiende a la más célebre de las multiplicaciones»[5]. Durante miles de años, el motivo primario para la guerra era el saqueo. Por esto, ningún comandante tradicional se habría atrevido a prohibir a sus hombres el pillaje. Desde tiempos inmemoriales la captura de cosas —la

---

4. Para una discusión general sobre la *res* en el antiguo derecho romano, véase M. Bretone, *I fondamenti del diritto romano. Le cose e la natura*, Laterza, Roma/Bari, 2001, espec. pp. 46 ss.

5. E. Canetti, *Masa y poder*, cit., p. 137.

masa del botín amontonado a los pies del vencedor— representó las relaciones de poder entre seres humanos. La tierra misma era la primera cosa de la que un ejército invasor se apoderaba: caminando sobre ella, conquistándola y cercándola. La victoria militar sonreía a aquellos que eran capaces, en último término, de tomar posesión de un territorio dado, donde plantaban una bandera diferente de la que había ondeado anteriormente sobre él. A partir de ese momento, todas las cosas comprendidas en el territorio conquistado se convertían en el botín del nuevo propietario.

La relación entre guerra y propiedad precede con mucho a su definición jurídica, especialmente en la antigua Roma, «patria» de la ley: durante siglos la guerra fue el único medio para adquirir cualquier cosa no disponible para los pueblos que carecían de otros recursos. Era la forma más común de adquirir propiedad: hasta tal punto que durante mucho tiempo la piratería fue considerada más honorable que el comercio. En origen, la propiedad siempre se refiere a una apropiación anterior. En su forma primordial, la propiedad ni se transmite ni se hereda, se toma. Como cabía esperar, tanto la transmisión de la propiedad como lo que más tarde llamaríamos el derecho de sucesión eran desconocidos en el antiguo derecho romano. No había nada tras la propiedad, excepto el acto que la convertía en tal[6]. En la antigua Roma no existía el delito de robo —en parte porque las primeras mujeres romanas fueron tomadas de los pueblos vecinos en un rapto mítico destinado a hacerles daño—. Al afirmar que los romanos creían que «todo lo que capturaban de un enemigo se consideraba absolutamente propio» (*Instituciones*, IV, 16), Gayo está diciendo que, en lo referente a la adquisición de cosas, no hay una frontera insuperable entre ley y violencia. El posible vínculo etimológico entre *praedium* (hacienda) y *praeda* (botín, propiedad tomada en la guerra) implica que el territorio está vinculado a la *praedatio* (depredación, saqueo). Como es de esperar, los actos públicos que incluían compras y ventas eran sellados con la figura de una lanza clavada en el suelo para representar la fuerza del derecho adquirido. Comparada con la afilada punta de la lanza, la redondeada madera del palo era

6. Véase Y. Thomas, *Les Opérations du droit*, ed. de M.-A. Hermitte y P. Napoli, Gallimard, París, 2011, pp. 27 ss.

un pálido símbolo. Para que algo se convirtiera inequívocamente en la propiedad de uno, tenía que haber sido arrebatado a la naturaleza o a otra gente. Aquello que te pertenece es, en sentido estricto, aquello que aprehendes con tu mano, *manu captum*, de acuerdo con la solemne institución del *manicipium*. Por supuesto, existía la transmisión legal y reglada de la propiedad. Pero la primera propiedad se creaba siempre a través de la ocupación de un espacio vacío o por la toma de posesión de un objeto carente de propietario. Cualquier cosa que no hubiera caído aún en manos de otro estaba disponible para quienquiera que se apoderara de ella. El primer propietario era idéntico al primer ocupante, de la misma forma que un animal salvaje pertenecía al primero que lo viera. Respecto a este acto inicial, la función del *ius* no era más que una garantía. La ley protegía al propietario de cualquiera que lo amenazara o disputara su título de propiedad, invirtiendo la carga de la prueba sobre el litigante[7].

La ley romana es esencialmente patrimonialista. Rudolf von Jhering tenía razón en este sentido cuando observaba que en su fundamento se hallaba la simple relación económica[8]. Incluso el Estado, en la medida en que cabe usar esta palabra para designar la antigua Roma, fue siempre pensado en términos de derecho privado. Por eso carecía de una verdadera teoría de la soberanía y de una visión subjetiva de la ley; en otras palabras, no es el título legal lo que hace a alguien el propietario de un bien, sino su posesión efectiva. *Vindicatio in rem*, reclamar una cosa, consistía en decir *res mea est* (la cosa es mía), no *ius mihi est* (es mi derecho), reflejando así el hecho de que la relación entre el poseedor y la cosa poseída era una relación absoluta que no pasaba por otros sujetos. Aunque había otras categorías de posesión —a través de la compra, la herencia y la donación—, su arquetipo permaneció como toma de una *res nullius*, una cosa que no pertenecía a nadie. En ese caso, quienquiera que la reclamara *pro suo* (para sí mismo) no invocaba ninguna otra relación jurídica más allá de la posesión en sí misma. Es como si parte de la naturaleza se ofreciera espontá-

---

7. Véase P. Simonnot, *Les personnes et les choses*, Les Belles Lettres, París, 2004, pp. 129 ss.

8. Véase R. von Jhering, *Geist des römischen Rechts auf den verschiedenen Stufen seiner Entwicklung* [1852-1865], Scientia, Aalen, 1993.

neamente a su dominio, cayendo literalmente en sus manos. Lo que no era de nadie se convertía ahora en suyo; lo recibía, lo tomaba y lo disfrutaba. Cualquier otra apropiación se relacionaba con la primera como el prototipo original que hacía concebibles todas las siguientes. Esta apropiación original era el núcleo irreductible contenido en cada simplificación jurídica.

LA GRAN DIVISIÓN

Las cosas conquistadas son sometidas al individuo que las reclama como suyas. Sin embargo, lo que se desarrolla de esta forma no es solo la relación entre humanos y cosas, sino también entre los propios seres humanos: su rango, su estatus y su poder. Es la posesión de las cosas, o su pérdida, lo que marca la distinción real entre ganadores y perdedores tras una guerra. Sin embargo, también en tiempo de paz la posesión señala las relaciones de poder entre varias personas y sus distintos niveles de personalidad. La condición de aquellos que poseían un *patrimonium*, como los *patres*, era muy diferente en la Roma antigua (aunque no tan diferente hoy día) de la de aquellos que no poseían ninguno. Poseer un patrimonio no solo significaba tener cosas —incluyendo esa cosa abstracta llamada dinero, destinada a adquirir todas las demás—, sino también ejercer un dominio sobre aquellos que tenían menos, o que no tenían nada en absoluto, y que eran por tanto forzados a ponerse en manos de los poseedores.

Así es como la propiedad sobre las cosas fue asociada a la propiedad sobre las personas. Ya en este punto vemos como lo que se presentaba según una oposición se revela en realidad como una mutua implicación y, desde luego, como un dispositivo a través del cual personas y cosas son agrupadas en una especie de estructura de quiasmo, un artificio cruzado invertido, que proyecta el perfil de las unas sobre el de las otras. Esto es así no solo en el sentido de que las relaciones entre personas se definen por la posesión de cosas o por su ausencia, sino también en el sentido de que algunas personas son reducidas al estatus de cosas aunque formalmente sigan siendo personas. Como apunta Gayo sobre la *summa divisio*, en Roma la gente se dividía en hombres libres y esclavos, que en consecuencia tenían un doble estatus: como personas, al que pertenecían en el plano abstracto de las denominaciones, y como cosas, a las cuales eran asimilados en realidad. Esta ambigua clasificación incluía no solo a los esclavos —situados entre las *res corporales* (cosas corporales o materiales) y considerados como un *instrumentum vocale* (herramienta parlante), una cosa dotada de voz—, sino también a otras categorías como esposas, hijos o deudores insolventes que planeaban perpetuamente entre los regímenes de personas y cosas. Ninguna de estas figuras tenía una forma real de autonomía, ninguna era jurídicamente independiente o *sui iuris*[9]. Pero ser *alieni iuris*, no pertenecer a uno mismo, como todos los que no eran *patres*, significaba ocupar un ámbito muy cercano al de la cosa.

Es paradójico que un orden jurídico basado en la oposición frontal entre personas y cosas produjera un deslizamiento continuo de las unas a las otras, empujando a algunos humanos a la esfera de los objetos inanimados. Por supuesto, la reificación del *servus* no fue exclusiva de la antigua Roma. Aristóteles ya había afirmado que «el esclavo es una posesión animada y todo sirviente algo así como un instrumento previo a los otros instrumentos» (*Política* I, 4, 1253b). Pero este tránsito continuo entre la gente y las cosas no era simplemente un procedimiento funcional, sino la base del derecho romano. Si analizamos todos los rituales para reducir a los seres humanos a esclavos, o aquellos para que un padre vendiera a su hijo a otro padre-amo, reconocemos este dispositivo combinado de personalización y despersonalización en toda su efectividad performativa —como si a través de una especie de inversión proporcional, la personalización de algunos correspondiera invariablemente a la despersonalización de otros subyugados a los primeros—. Cuantos más seres humanos puede situar un individuo en el plano inclinado de la cosa, tanto más sólidamente adquiere el título de persona. Tomemos el caso del dominio completo, sin restricción, ejercido por un acreedor sobre un deudor insolvente, quien en posesión del acreedor era reducido a una cosa tanto en vida como tras la muerte, hasta el punto incluso de que su cadáver podía ser denegado a sus familiares y quedar así

9. Sobre la noción de «persona» en la antigua Roma, véase *Homo, caput, persona. La costruzione giuridica dell'identità nell'esperienza giuridica romana*, ed. de A. Corbino, M. Humbert y G. Negri, Iuss, Pavía, 2010; y E. Stolfi, *Il diritto, la genealogia, la storia. Itinerari*, il Mulino, Bolonia, 2010, pp. 139 ss.

insepulto. De esta forma, la suma adeudada era reemplazada por el cuerpo del deudor, que se convertía en el objeto de todo tipo de insultos o brutalidades que el acreedor decidiera propinarle. En ningún otro caso como en este se transmutó tanto la relación interpersonal en una relación entre los que reforzaban su propia personalidad y los que se precipitaban en la esfera infernal de la cosa. Como observara Nietzsche a este propósito, el sentimiento de obligación personal tuvo «su origen [...] en la más antigua y originaria relación personal que existe, en la relación entre compradores y vendedores, acreedores y deudores: fue aquí donde por vez primera se enfrentó la persona a la persona, fue aquí donde por vez primera las personas se *midieron* entre sí»[10].

La sustitución de la deuda impagada por el cuerpo del deudor permite entrever un aspecto que hasta ahora ha permanecido oculto por la relación binaria entre personas y cosas. Lo que vincula los dos términos entre sí es el elemento que parece excluido del dominio de la ley, es decir, el cuerpo. El uso y abuso del cuerpo es lo que lleva a la personalización de unos y a la reificación de otros. Tal y como lo expresó Simone Weil en una de las más agudas críticas a la noción de persona de la Roma antigua, «la propiedad se definía por el derecho de uso y abuso. Y de hecho, la mayoría de las cosas sobre las que el propietario tenía derecho de uso o abuso eran seres humanos»[11]. En la esfera de la regulación, al cuerpo vivo no le fue garantizado un estatus jurídico propio, ya que era asimilado en principio a la persona que lo encarnaba. No podía ser objeto de negociación o de explotación, ni siquiera por la persona que lo habitaba, dado que, de acuerdo al *Digesto* de Ulpiano (9.2.13), «nadie es dueño de sus propios miembros (*dominus membrorum suorum nemo videtur*)». En realidad, en contraste con esa condición legalmente protegida, el cuerpo desempeñaba un papel preeminente en la definición de las relaciones sociales en la antigua Roma. Era una máquina de trabajo, una herramienta de placer y un objeto de dominación. Medía el poder ejercido por algunos sobre los demás. Era el blanco en movimiento en el que se descargaban el placer acumulado y la violencia, a menudo a la vez

---

10. F. Nietzsche, *La genealogía de la moral*, Alianza, Madrid, 1996, p. 80.
11. S. Weil, «La persona y lo sagrado», en *Escritos de Londres y últimas cartas*, Trotta, Madrid, 2000, p. 27.

y de forma directamente proporcional. Lejos de coincidir con la persona, como podrían sugerir los códigos legales, el cuerpo era a menudo el canal a través del cual la persona era transformada en cosa. La aparente inevitabilidad de este deslizamiento de una a otra dentro del propio sistema jurídico que teorizaba su absoluta diferencia le deja a uno atónito: nadie en la antigua Roma era considerado persona toda su vida, del nacimiento hasta la muerte; todo el mundo, al menos durante un tiempo, pasaba por una condición no muy ajena a la de una cosa poseída por alguien.

Esta divergencia es una parte integral de la categoría de persona desde sus primeros comienzos. Es sabido que la etimología griega del término se refiere a la máscara teatral que llevaba el actor; pero precisamente por este motivo la *persona* y la cara nunca eran idénticas. Más adelante, el término se refirió al tipo de personaje representado en la obra, pero este tampoco fue nunca idéntico al actor que lo interpretaba de una ocasión a otra. Parece que la ley reprodujo este elemento de dualidad o duplicidad en el corazón de la humanidad. *Persona* no era el individuo como tal, sino solo su estatus jurídico, que variaba en función de sus relaciones de poder con los demás. Así pues, no es sorprendente que, cuando los romanos se referían a su papel en la vida, usaran la expresión *personam habere* (literalmente, «tener una persona»). *Persona* no era lo que uno *es*, sino lo que uno *tiene*, como una facultad que, precisamente por esta razón, también se podía perder. Por eso, en contra de lo que habitualmente se asume, el paradigma de la persona no producía una unión sino una separación. Separaba no solo a unos de otros en función de ciertos roles sociales, sino también al individuo de su propia entidad biológica. Al ser distinto de la máscara que llevaba, el individuo estaba siempre expuesto a una posible despersonalización, definida como *capitis diminutio*, que podía llegar hasta el punto de la pérdida total de su identidad personal. Podríamos decir que la categoría de persona es lo que convirtió a una parte de la humanidad en súbdita de la otra, aunque este era también el caso para todos y cada uno de los individuos.

Como prueba de la persistencia en el tiempo de este dispositivo romano, consideremos el hecho de que, impulsado por el objetivo de reestablecer los derechos humanos, incluso el personalismo del siglo xx reproducía su paradigma central: concretamente, la separación funcional entre el sujeto y su dimensión corporal[12]. Tal y como sostuvo el filósofo personalista Jacques Maritain, la persona es «un todo, dueño de sí mismo», añadiendo que para ser tal, es decir, una persona a todos los efectos, esta debe tener un dominio completo sobre su parte animal. Un ser humano es una persona si y solo si es dueño absoluto del animal que habita en su interior[13]. Por supuesto no todo el mundo tiene la misma actitud respecto a su propia desanimalización, y el grado de humanidad otorgado a cada individuo depende de la mayor o menor intensidad de aquella. Esta es también, en principio, la diferencia entre alguien que puede ser definido como una persona y alguien que no, entre alguien que es una persona en cualquier caso y alguien que solo lo es bajo ciertas condiciones. La fractura dentro de cada individuo es por tanto reproducida en la fractura que divide a la humanidad como un todo. Toda la civilización jurídica fundada en el *ius* romano lleva la huella, claramente visible, de esta división. Como inferimos del célebre tratado de Joseph Pothier *Des personnes et des choses*, en el siglo XVIII los seres humanos se hallaban separados en clases no tan distintas de las categorías romanas, según una gradación que iba del esclavo hasta el noble[14]. Durante mucho tiempo estas diferencias jurídicas fueron interpretadas como auténticos umbrales antropológicos que marcaban diferentes grados de humanidad. Baste decir que la institución de la esclavitud, que hoy parece haberse sumido en la oscuridad de un pasado remoto, fue abolida hace menos de dos siglos... solo para reaparecer, como bien sabemos, a través de otras formas de esclavitud *de facto* aún extendidas. El concepto de persona, que en principio debería conducir a la universalización de derechos inalienables, ha sido usado durante mucho tiempo para excluir a algunos tipos de humanos de los beneficios concedidos a otros. Ha sido usado para convertirlos en cosas-persona expuestas al uso y al abuso. La única diferencia entre la esclavitud de la antigua Roma, que fue más tarde moderada por medio de instituciones protectoras, y la

12. Véase R. Esposito, *Tercera persona. Política de la vida y filosofía de lo impersonal*, Amorrortu, Buenos Aires/Madrid, 2009.
13. Véase J. Maritain, *Los derechos del hombre y la ley natural: cristianismo y democracia*, Palabra, Madrid, 2001.
14. Véase R. J. Pothier, *Traité des personnes et des choses*, en *Œuvres de Pothier*, vol. 9, ed. de M. Bugnet, París, 1846.

de hoy es la brutalidad de las formas actuales. Entre un esclavo azotado hasta la muerte en las provincias del Imperio romano, en la Alabama del siglo XIX, o en la actualidad frente a las costas de Lampedusa, el hecho más atroz es, de lejos, el más reciente.

DOS EN UNO

Se ha dicho que el cuerpo, precisamente porque carece de un estatus jurídico particular, es el medio de transición de la persona a la cosa. No habiendo sido investido como tal por la ley, oscila entre estas dos dimensiones, permitiendo la transposición de la una a la otra. Esto se aplica a la raza humana como conjunto, dividida en segmentos por umbrales antropológicos de separación y exclusión, pero se aplica también al individuo, dividido en dos áreas valoradas diferentemente: una de naturaleza racional o espiritual, y la otra corpórea. Este resultado es el efecto performativo del dispositivo de la persona. Hemos identificado una primera matriz de esto en el derecho romano. La segunda matriz condujo al dogma cristiano de la encarnación de Cristo. A primera vista el abismo cultural que las separa puede hacer que cualquier yuxtaposición parezca desacertada. Pero si apartamos nuestra mirada de las escenas históricas en primer plano y nos centramos en los paradigmas que las sustentan, aparecen algunas homologías sorprendentes. Es la categoría de persona la que vuelve obvios los puntos de comparación. Cómo estas dos concepciones —el concepto jurídico-romano y el teológico-cristiano— se entrelazaron es una pregunta compleja sobre la cual no hay un consenso en la literatura. Algunos intérpretes apuntan a la influencia de la primera en la segunda, mientras que otros invierten la relación. Dentro de la concepción cristiana, la cuestión es aún más intrincada por la forma en que el término «persona» se halla ligado a las doctrinas de la Trinidad y la Encarnación. Tertuliano intentó por vez primera ofrecer un marco organizado para el concepto, pero incluso en su trabajo queda una clara discrepancia: en la Trinidad la categoría de persona se multiplica por tres, pero en la encarnación de Cristo se divide en dos.

Dicho esto, y sin entrar en las complejas disputas entre los primeros teólogos cristianos, a caballo entre las esferas jurídica y teológica, se mantiene no obstante una simetría básica. Para ambas concepciones, en el centro del dispositivo yace no solo la necesidad de articular la unidad y división entre ellas, sino la subsiguiente subordinación de una parte de la vida humana a la otra. Estas son las razones por las que he mantenido que el derecho romano y la teología cristiana forman las dos principales estructuras de carga de una máquina teológico-política destinada a marcar la concepción occidental del poder durante al menos dos mil años[15]. Dejando a un lado esta cuestión, nos enfrentamos aún con la importancia central que el concepto de persona tiene en la división en dos del organismo viviente. En el derecho romano esta escisión afectaba a toda la especie humana, separándola en áreas de diferente rango. En la teología cristiana la misma división atravesaba la identidad del individuo, causando una diferenciación en su seno. A diferencia de lo que pasaba en Roma, es verdad en principio que la cristiandad veía a todos los individuos como personas, hechas a imagen y semejanza de su Creador. Pero son considerados como tales precisamente porque están divididos en dos naturalezas, una espiritual y la otra corpórea, estando esta última subordinada a la primera. Así es como pasamos de una división funcional entre ser humano y persona, como en el derecho romano, a una división ontológica dentro del compuesto humano-persona entre las dos sustancias que lo forman.

Esta bipolaridad asimétrica entre dos áreas dotadas de diferentes valores es reconocible, con tonos y énfasis diversos, en todos los autores cristianos. Podemos encontrarla ciertamente en san Agustín, quien subordina claramente la dimensión carnal a la incorpórea. Aunque es necesario para la existencia humana, el cuerpo es sin embargo la parte inferior, degradada, hasta tal punto que la necesidad de sobreponerse a las necesidades corporales podría definirse fácilmente como «una debilidad» (*De Trinitate* XI, 1, 1). Aunque Agustín cambia de tono a lo largo de su obra, la superioridad del alma sobre el cuerpo nunca es cuestionada. Esta superioridad tiene sus raíces en la diferencia insalvable que, en la persona de Cristo, subordina el elemento humano al divino. En línea con una característica típica del dispositivo teológico-político, lo que vemos en este caso es una inclusión exclusivista cuyos efectos no

---

15. Véase R. Esposito, *Dos. La máquina de la teología política y el lugar del pensamiento*, Amorrortu, Buenos Aires/Madrid, 2015.

se hallan lejos de la versión jurídica. De nuevo, la persona es el constructo mediante el cual dos realidades de distinta naturaleza son integradas de tal forma que una queda subordinada a la otra. Agustín no duda en establecer una especie de analogía formal entre el uso que Dios hace del hombre en la persona de Cristo y el uso que el alma hace del cuerpo en los humanos (Carta 137).

A pesar incluso de la existencia de diferencias significativas, esta primacía del alma sobre el cuerpo nunca fue puesta en duda por los clásicos cristianos. Incluso para Tomás de Aquino, aun moderando el dualismo agustiniano a través de las categorías de Aristóteles, la persona sigue siendo el marco dentro del cual la razón ejerce un pleno «dominio sobre sus propios actos» (*Suma teológica* I, 29, 1). Lo que en Agustín era solo un «uso» adopta aquí el carácter de un «dominio» pleno. Todo el léxico de los Padres de la Iglesia toma la forma de una configuración binaria que logra la unidad solo a través de la sumisión de la parte inferior. Las dos ciudades de Agustín constituyen el arquetipo teológico-político del que de alguna forma derivan todos los demás modelos. En un plano cósmico-histórico representan el mismo conflicto que en cada persona enfrenta los propósitos del alma con los del cuerpo. Solo cuando hayamos ganado la batalla contra nuestro propio cuerpo prevalecerá la ciudad de Dios sobre la del hombre. Toda la historia es interpretada por Agustín como una batalla sin tregua entre los dos elementos —el humano y el divino, el corpóreo y el espiritual— que en su lucha constituyen la unidad de doble filo de la persona. Hasta que la guerra acabe, hasta que los poderes del bien hayan subyugado a los poderes del mal, el conflicto seguirá y el Uno seguirá siendo rehén de los Dos.

En el excelente fresco de Ernst Kantorowicz sobre la teología política medieval, dos es también el número de cuerpos que componen la persona real[16]. La analogía original es la que ata el cuerpo humano a la doble naturaleza del cuerpo de Cristo, trasladada al plano excepcional de la soberanía. De la misma forma que el cuerpo de Cristo posee dos sustancias, una mortal y otra eterna, también el rey une dos cuerpos en una sola persona: el primero transitorio y el segundo inmortal, transferible a sus sucesores

16. E. Kantorowicz, *Los dos cuerpos del rey. Un estudio de teología política medieval*, Alianza, Madrid, 1985 (también Akal, Tres Cantos, 2012).

sin causar interrupción alguna en la continuidad dinástica. Por lo que respecta al funcionamiento del dispositivo, la semántica del cuerpo propia de la Inglaterra isabelina no es significativamente diferente de la semántica de la persona, más típica del continente. De la misma forma que la persona, ya sea jurídica o teológica, incluye en su interior una parte inferior, el cuerpo político del rey incorpora el cuerpo humano manteniendo a la vez su propia alteridad inconmensurable. También en este caso, como en el de la persona, la relación entre los dos elementos era una unión disyuntiva. Agrupados en la unidad de la corona, se separaban a la hora de la muerte, cuando uno de los dos cuerpos desaparecía y era reemplazado por un cuerpo distinto. Al igual que el cuerpo se enfrentaba con el alma en cada individuo, también chocaban en vida siempre que el rey faltaba a su deber y se permitía ser abatido por sus instintos. En este caso un cuerpo podía ser enfrentado a otro, no solo por el soberano, sino por sus adversarios. Kantorowicz nos recuerda cómo durante la revolución el Parlamento invocó al pueblo británico para que se congregara en nombre del cuerpo político del rey Carlos I en oposición a su cuerpo natural, que fue subsiguientemente decapitado, sin causar lesión alguna al cuerpo político.

Lo que la literatura isabelina ofrece en la forma de una máquina metafísica cuya intención es perpetuarse a sí misma en el tiempo puede también explotar en la tragedia de la separación absoluta. El *Ricardo II* de Shakespeare representa el más vívido escenario de este tipo[17]. Pone en escena una separación de la función, que se fragmenta en una pluralidad incontrolable. El proceso de descenso desde «la realeza divina a la realeza como 'Nombre', y del nombre a la desnuda miseria del hombre», está marcado por una serie de desintegraciones[18]. De la triple figura del Rey, el Loco y el Dios procedemos a una fase en la que el cuerpo humano empieza a prevalecer sobre el cuerpo político hasta el punto de que «la condición de rey viene a significar la Muerte y nada más que la Muerte»[19]. Es como si, en su trágica transposición, esta separación de la persona real fuera a prevalecer de tal manera sobre la unidad que incluso su recuerdo fuera dispersado. El corte pasa a través tanto del cuerpo

17. W. Shakespeare, *Ricardo II*, III, 2.
18. E. Kantorowicz, *Los dos cuerpos del rey*, cit., p. 38.
19. *Ibid.*, p. 41.

natural como del cuerpo político del rey, atravesándolo, y produciendo un efecto de contaminación cruzada. En el momento en que el rey se da cuenta de que no se identifica con Cristo, sino con su traidor, las cosas han llegado demasiado lejos. Un cuerpo ha traicionado al otro; Ricardo ha traicionado a Ricardo. El desesperanzado rostro del rey que se le aparece en el espejo es el emblema de un irremediable fracaso. En la escena de la obra, el dispositivo de la persona se hace añicos junto con el espejo que lo refleja. Los dos cuerpos del rey, divididos definitivamente, yacen en el polvo el uno junto al otro con los símbolos rotos de su reinado. Lo único que puede hacer el rey es observar cómo «con mi propio poder hieren mi majestad, / En nombre del Rey destronan al rey mismo. / Así el diamante es destruido por su propio polvo»[20].

USO Y ABUSO

Mientras que en la concepción cristiana el dispositivo de la persona divide al ser viviente en carne y espíritu, en la filosofía moderna dicho dispositivo penetra la propia conciencia del individuo. Ya no está en juego la relación con una esfera trascendente, pero sí lo está la de los sujetos consigo mismos; con la parte de ellos mismos que se arriesga a eludir su control o incluso a ser olvidada. Fue para evitar esta posibilidad por lo que el *Ensayo sobre el entendimiento humano* de John Locke conectó la identidad personal con el funcionamiento de la memoria. La memoria es la capacidad del yo de identificarse consigo mismo, asumiendo la responsabilidad de sus acciones; de ahí la importancia otorgada al propio nombre como aquello que cose con el mismo hilo los momentos individuales que componen una vida. ¿Quién puede garantizar que el anciano de hoy es el joven de ayer, o que el loco que vemos ahora es el mismo hombre cuerdo de antaño? Locke plantea estas cuestiones en un terreno puramente filosófico, pero guardan conexión en más de un sentido con los aspectos tanto teológicos como jurídicos de la noción de persona. Por lo que se refiere a la vertiente filosófica, es hasta cierto punto significativo el hecho de que Locke (en parte, en diálogo con los debates religiosos de la época) se refiera a los misterios de la

20. Citado en *ibid.*, p. 52.

Resurrección, en particular a la posibilidad de que tras la muerte el alma se encuentre en un cuerpo diferente al que tenía antes de morir. El problema de la personalidad múltiple —dos personas que habitan el mismo cuerpo o dos cuerpos representados por la misma persona— era planteado habitualmente en las discusiones teológicas sobre la metempsicosis y la transmigración de las almas.

La asociación de la teoría de Locke con el derecho es aún más evidente, aunque planteada de una forma que difiere de la propia del *ius* romano. Lo omitido con respecto a este último es la relación biunívoca que une la máscara jurídica con el rostro del hombre que la lleva, independientemente de la brecha que los separa. Los tratados de la Baja Edad Media ya habían desarrollado el concepto de persona *ficta* (ficticia o artificial) o *repraesentata* (representada), refiriéndose a una entidad que no es necesariamente humana. Locke suprime cualquier vínculo con el cuerpo viviente, relacionando la persona con el principio de atribución: para definirse como persona uno tiene que ser capaz de demostrarse a sí mismo y a los demás que es el autor de sus propias acciones y pensamientos. Por lo que hace a este requisito, ni la relación con un cuerpo dado ni la relación con el alma son objeto de discusión. Lo que cuenta es ser capaz de responder de las acciones que uno ha llevado a cabo, asumiendo plena responsabilidad por las mismas. Desde esta perspectiva, la persona empieza a tomar el significado moderno que estamos acostumbrados a darle: el de un individuo consciente de las consecuencias de sus actos.

Sin embargo, lejos de terminar con la separación, este desarrollo acaba reforzándola. Para que el sujeto sea capaz de realizar un juicio sobre sí mismo, tiene que ser capaz de separarse de sí mismo, asumiendo el doble rol de juez y acusado. En efecto, la noción de «atribuir» está de hecho conectada con la de «imputar», ambas posibles traducciones del verbo griego *kategorein*. De hecho, lo que matiza la idea de Locke en su sentido estricto es precisamente la capacidad jurídica de un tribunal, o incluso de uno mismo, para imputar a alguien las acciones que ha llevado a cabo. Como cabía esperar, el filósofo define a la persona como «un término forense, que imputa las acciones y su mérito»[21]. Al posibilitar el juicio, la

21. J. Locke, *Ensayo sobre el entendimiento humano*, FCE, México DF, 2005, libro II, cap. 27.

persona hace posible la condena. Así es como Locke articula una división en el sujeto que se corresponde con la división en el derecho romano antiguo que separaba al individuo de su rol y, en la doctrina cristiana, el alma del cuerpo. Concediendo a la persona el título de «agente moral», Locke la convierte simultáneamente en sujeto de ley y en objeto de juicio, a la vez en justificable y en condenable. Así pues, el paradigma filosófico de la persona, que aspiraba a la reconstrucción de la identidad personal amenazada por la dispersión, se convirtió en el lugar de una división aún más marcada entre dos planos de consciencia destinados a no ser nunca capaces de coincidir completamente.

Kant va un paso más allá en esta dirección, estableciendo en términos metafísicos lo que Locke distinguió en sentido funcional. Kant no solo separa el sujeto humano en dos entidades distintas, sometiendo una al juicio de la otra, también establece la existencia de una diferencia esencial entre ambas. En su *Metafísica de las costumbres*, Kant emplaza ambas entidades dentro del régimen de la persona, pero en otro lugar especifica que no se refiere «a una personalidad doble, sino que solamente el Yo, el 'yo pienso e intuyo', es la persona, mientras que el Yo del Objeto, lo intuido por mí, es la Cosa [*Sache*] al igual que lo son otros objetos fuera de mí»[22]. Es como si la persona expulsara una parte de sí misma fuera de sí misma, asimilándola a una simple cosa sobre la que debe recuperar el dominio. De esta forma reestablece el mismo mecanismo que descubrimos, en términos distintos, en el foro jurídico romano. Por un lado, la de persona es la categoría que incluye ambas partes; por otro, es el criterio gracias al cual uno de los dos polos subordina al otro, haciendo de él una entidad asimilable a una cosa. Para usar los términos del propio Kant, mientras que el *homo noumenon* es una persona a todos los efectos, el *homo phaenomenon* lo es solo cuando obedece al anterior. La personalidad es la capacidad del sujeto de someter una porción divergente de sí mismo, junto con la disposición de esta última a caer en posesión de la primera.

Lo que es sorprendente en el autor que llevó el pensamiento moderno a su cima crítica es la reintroducción de un léxico jurídico

---

22. I. Kant, *Los progresos de la metafísica desde Leibniz y Wolff*, Tecnos, Madrid, 1987, p. 31.

que lleva la huella inconfundible del derecho romano. Es cierto que Kant reserva la calificación de persona solo para los hombres libres, disolviendo por tanto la contradicción de la *summa divisio personarum*. Pero luego, cuando se trata de individuos subordinados, reproduce una relación de cosificación que no es muy diferente de la establecida en el *ius*, junto con algunas oscilaciones que en realidad acentúan la falta de distinción entre persona y cosa. El margen que las separa, considerablemente problemático, es el que distingue dominio de sí de propiedad: «un hombre puede ser su propio dueño (*sui iuris*), pero no propietario de sí mismo (*sui dominus*)»[23]. Lo que distingue las dos condiciones es la frontera que separa el uso legítimo del abuso ilícito o el mal uso. Los cuerpos que uno controla pero que no posee pueden ser objeto de uso, pero no de abuso. Deberíamos cuestionar el papel crucial que la noción de «uso» ha tenido en moldear el léxico político occidental. Es difícil trazar la frontera que separa uso de abuso, en comparación con la clara oposición romana entre *persona* y *res*. Kant desdibuja esta última distinción mediante una categoría legal situada precisamente en su punto de convergencia. Se trata del *ius realiter personale*, los derechos personales de tipo real. De esta forma, mientras que el *ius reale* es un derecho relativo a las cosas y el *ius personale* es un derecho relativo a las personas, el *ius realiter personale* consiste «en el derecho de poseer un objeto externo *como una cosa* y usarlo *como una persona*»[24].

El deslizamiento de la persona hacia la cosa regresa, pues, en el autor menos sospechoso de una actitud acrítica. También en este caso el canal de transición entre ambas es el cuerpo de la persona sometida, que de este modo es trasladado a la dimensión de la posesión, la posesión de una *res*. Esto se aplica no solo a los trabajadores al servicio de su jefe sino, igual que en el derecho romano, también a las esposas, de las que se apropian sus maridos como un objeto de uso a través de sus cuerpos y la posesión de sus órganos sexuales. Kant reconoce que esta atribución es inconsistente con la igualdad que él mismo proclama para todas las personas libres. Pero en lugar de deshacerse de esta contradicción, la resuelve extendiendo el derecho de reificación al otro cónyuge.

23. I. Kant, *La Metafísica de las Costumbres*, Tecnos, Madrid, 1989, p. 88.
24. *Ibid.*, p. 96.

De esta forma, «al ser adquirida una persona por otra *como cosa*, aquella, por su parte, adquiere a esta recíprocamente; porque así se recupera a sí misma de nuevo y reconstruye su personalidad»[25]. De acuerdo con el dispositivo que guía todo el discurso, la condición de persona se mide por la capacidad mutua de usar al otro ser humano como una cosa. En lugar de ser el opuesto absoluto de la persona, la cosa aparece aquí como el mecanismo central dentro de la misma categoría de persona, el cual hace que la persona, solo por haber sido la cosa poseída y consumida, sea verdaderamente persona en cuanto sujeto de esa posesión.

Esto es exactamente lo que Hegel le reprocha a Kant en sus *Principios de la filosofía del derecho*, captando su carácter subalterno respecto de la formulación jurídica romana. Pese a la inspiración ilustrada que impulsaba sus escritos, Kant acabó confirmando la distinción entre personas *sui iuris* y personas *alieni iuris*, puestas a disposición de las primeras. Esto es el objeto de la crítica de Hegel. Si bien Kant no concibe a la persona en términos universales, todos los seres humanos deben ser considerados personas independientemente de su estatus. Esto es lo que yace detrás de las reticencias de Hegel hacia el paradigma de la persona, que él adopta para la esfera jurídica, pero que rechaza para el dominio más amplio de la sociedad civil. Sin embargo, aunque Hegel se distancia explícitamente del derecho romano, sigue en buena medida bajo su influencia. Cuando dice que las personas se relacionan entre sí «solo como propietarios» está sugiriendo que si es la calificación de persona lo que hace a los seres humanos capaces de poseer cosas, es solo la posesión de cosas lo que los hace personas[26]. Ciertamente, para Hegel el derecho privado es solo una forma parcial e inadecuada de experimentar las relaciones humanas cuando se compara con las esferas más altas de la sociedad y el Estado. En lugar de complementar el interés general, los intereses particulares tienden a oponérsele. Hegel lleva su crítica hasta el punto de decir que «designar a un individuo como 'persona' es una expresión de desprecio»[27]. Esto no menoscaba el hecho de que Hegel haga de la

25. *Ibid.*, p. 99.
26. G. F. W. Hegel, *Principios de la filosofía del derecho*, Edhasa, Barcelona, 1999, p. 121 (§ 40).
27. G. F. W. Hegel, *Fenomenología del espíritu*, Abada, Madrid, 2010, p. 571.

capacidad de autoposesión de la persona la base para cualquier tipo de propiedad. La posesión del yo es el único tipo de posesión tan perfecto que se convierte en modelo de todos los demás tipos de propiedad. Pero ¿qué quiere decir poseer plenamente la propia persona, sino su consideración como una cosa a disposición de la propia voluntad? Como puede verse, el mecanismo que pone las cosas a disposición de las personas y que emplaza a las personas dentro del régimen de las cosas regresa una vez más.

NO-PERSONAS

El debate de Hegel sobre la autoposesión de la persona desplaza nuestra investigación a una órbita más cercana, introduciéndonos así en el debate sobre la bioética y las dos versiones de esta, la católica y la liberal. Tal y como observamos anteriormente, el filósofo católico Jacques Maritain consideraba la persona como una entidad definida por el dominio de su naturaleza animal. Esta caracterización se deriva tanto de la perspectiva cristiana como de la definición aristotélica del hombre como «animal racional», transmitida por Tomás de Aquino. Sin embargo, cuando se abraza esta formulación —creando una separación en la especie humana entre animalidad y racionalidad—, solo quedan abiertos dos caminos, los mismos por los que se aventuraron los dos frentes que chocaron durante la última guerra mundial. O bien la dimensión de la razón es aplastada hasta coincidir con la dimensión exclusivamente biológica del cuerpo, como hizo el nazismo, o la parte animal es consignada al dominio de la parte racional, como quiere el personalismo. Así, a diferencia del nazismo, que al eliminar por completo el perfil de la persona convirtió el cuerpo en propiedad del Estado, el personalismo liberal asignó la propiedad del cuerpo al individuo que lo habita. Esta diferencia en la atribución, en absoluto desdeñable, no cambia el hecho de que tanto para los nazis como para los personalistas el cuerpo pertenece a la categoría de una cosa objeto de apropiación. Desde este punto de vista, la bioética católica, que entrega el destino del cuerpo humano a su creador, permanece también enredada en una concepción que no es, en términos lógicos, diferente de las otras dos.

Como hemos visto, si podemos identificar las raíces de la perspectiva católica en la teología política de los Padres de la Iglesia, la perspectiva dominante actual —la del liberalismo— tiene sus raíces en la tradición iniciada por Locke y continuada por John Stuart Mill. Es cierto que ya Descartes había declarado que «tampoco [le] faltaba razón para creer que este cuerpo (al que por cierto derecho especial llamaba 'mío') me pertenecía más propia y estrictamente que otro cuerpo cualquiera»[28]. Pero lo que para Descartes era aún inherente a la esfera del ser, se desplaza a la esfera del tener en la obra de Locke: «Aunque la tierra y todas las criaturas inferiores pertenecen en común a todos los hombres, cada hombre tiene, sin embargo, una *propiedad* que pertenece a su *propia* persona»[29]. Al añadir que «sobre sí mismo, sobre su propio cuerpo y espíritu, el individuo es soberano», Mill sencillamente llevó esta lógica hasta sus últimas consecuencias[30]. Superponiendo la categoría de propiedad a la de soberanía, convirtió al cuerpo en la «cosa» de la propia persona. Para comprender en toda su magnitud lo que Kant escribe sobre el *ius realiter personale*, incluyendo la posesión de otra persona como una cosa, hemos de rastrear su origen en esta línea de pensamiento. Aplastado entre la persona y la cosa, el destino del cuerpo es deslizarse de la esfera de las personas a la de las cosas. Una vez tomada esta dirección, suele ser seguida hasta el final, como hace Bertrand Lemennicier cuando escribe que «cada uno es propietario de sí mismo [...]. El cuerpo humano es un objeto como cualquier otro cuyo propietario está perfectamente identificado»[31].

Pero el aspecto más desconcertante de la concepción neoliberal quizá sea una reasunción explícita de las antiguas categorías jurídicas romanas que va más allá incluso del cauteloso uso que Kant hizo de ellas. Si bien Kant siempre presupuso un principio de universalización cuyo objetivo era la extensión de la categoría de persona a todos los individuos, acreditados exponentes de la bioética liberal como H. Tristram Engelhardt y Peter Singer no han

---

28. R. Descartes, *Meditaciones metafísicas con objeciones y respuestas*, Alfaguara, Madrid, 1977, p. 64.

29. J. Locke, *Segundo tratado sobre el gobierno civil*, Tecnos, Madrid, 2006, p. 34.

30. J. Stuart Mill, *Sobre la libertad*, Alianza, Madrid, 1986, p. 66.

31. B. Lemennicier, «Le corps humain: propriété de l'état ou propriété de soi?»: *Droits* 13 (1991), p. 118.

vacilado en romper esta relación: no solo no toda persona es un ser humano, sino que no todo ser humano es una persona. Todos los individuos pueden pertenecer a la especie *Homo sapiens*, pero solo algunos, y por tiempo limitado, entran en el exclusivo territorio de la persona: «En sentido estricto, las personas empiezan a ser solo algún tiempo, probablemente algunos años, después del nacimiento, y dejan de ser algún tiempo antes de la muerte del organismo»[32]. Como en el *ius personarum*, la raza humana es dividida a través de umbrales de personalidad que solo incluyen plenamente a adultos sanos dotados de consciencia y, por tanto, capaces de autodeterminación. Más allá de este confín, móvil a causa del envejecimiento y el estado de salud, hay una creciente lista de personas potenciales (como los niños), semipersonas (como los ancianos que necesitan asistencia), no-personas (como los enfermos terminales) y antipersonas (como los locos). El problema, insiste Engelhardt, es que «no todos los seres humanos son personas en sentido estricto. Por lo menos, no son personas en el sentido estricto de ser agentes morales. [...] Los niños no son personas en este sentido. Los individuos en estado de senilidad avanzada y los que padecen un retraso mental muy severo o profundo no son personas en esta acepción importantísima y central»[33].

De ahí se sigue consecuentemente la idea de que hay personas «auténticas» con capacidad de control sobre los que aún no son personas o han dejado de serlo. Ya que no pueden mantenerse a sí mismos y ni siquiera tienen plena consciencia de su estado, necesitan a alguien que decida en su lugar, no solo sobre las condiciones de su subsistencia, sino sobre lo oportuno de mantenerlos con vida o empujarlos suavemente hacia la muerte. Ya hacemos esto con los fetos. ¿Qué es lo que nos impide —se pregunta Singer— aplicar el mismo tratamiento a los niños que nacen «defectuosos»? Si regresamos al origen de nuestra civilización, argumenta, vemos como el hecho de ser miembro de la especie no constituía en sí mismo una garantía de supervivencia. Entre los griegos y los romanos, por ejemplo, «los recién nacidos no tenían derecho a la vida automáticamente, ya que los enfermizos o deformes eran

---

32. H. T. Engelhardt, *The Foundations of Bioethics*, Oxford UP, Oxford, ²1996, p. 240 [*Los fundamentos de la bioética*, Paidós, Barcelona/Buenos Aires, 1995].
33. *Ibid*., p. 239.

eliminados exponiéndolos a la intemperie»[34]. Por su parte, Engelhardt, citando a Gayo, se refiere directamente al *mancipium* ejercido por los *patres* sobre sus hijos, parecido al derecho de presa que deja en manos del cazador al animal capturado: «Hasta que no se emancipan, y no son capaces de irse de casa y mantenerse por su cuenta, los hijos quedan en manos de sus progenitores y son parte de su propiedad (o para recordar la antigua costumbre romana, quedan *in manu* o en la *potestas* de los progenitores)»[35].

Es más, a la lógica romana se añaden actualmente consideraciones económicas que exigen la reducción del número de vidas humanas improductivas, de acuerdo con el principio de proporcionalidad entre costes y beneficios impuesto por el modelo utilitarista. Por consiguiente, el bien, como el dolor, no se calcula en función de los individuos sino con respecto al conjunto de la comunidad, que solo puede verse beneficiada si a cambio de renunciar a unas cuantas vidas «que no merecen ser vividas» puede mejorar las de los demás[36]. Es cierto que existe también un límite moral respecto de los miembros de la especie *Homo sapiens*. Pero solo si son capaces de temer a la muerte y, por tanto, les asusta la idea de ser eliminados. Esto no se cumple para los que aún no son capaces de ello o han dejado de serlo. Ciertamente, debemos evitar el sufrimiento de los humanos a los que se mata, y asegurarnos de que su sufrimiento no sea mayor que el beneficio social que se obtiene con su muerte; pero no en mayor medida de lo que lo hacemos con los animales, que poseen aptitudes superiores a las de seres humanos subdesarrollados o irreversiblemente dañados: «El hecho de que un ser pertenezca o no a nuestra especie no es, como tal, de mayor relevancia moral para la inmoralidad de eliminarlo que su pertenencia o no a nuestra raza»[37].

Huelga decir que la defensa de los animales no humanos es legítima y deseable, pero en este caso la defensa animal es el lado positivo de una despersonalización que no tiene precedentes en la filosofía moderna. Singer niega justamente toda asociación con

---

34. P. Singer, *Writings on an Ethical Life*, HarperCollins, Nueva York, 2000, p. 88 [*Una vida ética: escritos*, Taurus, Madrid, 2002].
35. H. T. Engelhardt, *The Foundations of Bioethics*, cit., p. 156.
36. P. Singer, *Writings on an Ethical Life*, cit., p. 204.
37. *Ibid.*, p. 150.

la ideología nazi argumentando que el objetivo del personalismo utilitarista es alcanzar una sociedad más justa. Pero olvida que jamás ningún régimen ha proclamado que actuase al servicio de la injusticia, excepto para igualar la justicia con los intereses biológicos de un segmento de la humanidad. Como hemos dicho, pese a las obvias diferencias, lo que vincula concepciones tan diferentes con el mismo nexo inquietante es la superposición entre animal y humano implícita en la definición de *animal rationale*. Cuando solo la razón distingue a los humanos de su parte animal, esta puede ser o bien elevada a la superioridad de la persona o reducida a la inferioridad de la cosa. Lo que falta en ambos casos es el reconocimiento de un cuerpo viviente que no coincide con ninguna de las dos porque está dotado de una peculiar consistencia ontológica.

2

COSAS

LA NADA DE LA COSA

La relación entre la filosofía y la cosa siempre ha sido problemática, no solo en el sentido de que, en su concreción particular, la cosa se sustrae al *logos* filosófico, sino también en un sentido menos obvio en el cual la filosofía tiende a aniquilar la cosa. La cuestión fue planteada en toda su radicalidad en la conferencia impartida por Heidegger en 1950 sobre «La cosa». Atendiendo a la pregunta «¿Qué es una cosa?»[1], Heidegger empieza respondiendo de forma negativa, negando que la cosa pueda ser nunca considerada igual a un objeto representado o producido. No es posible llegar a la cosa como tal desde el punto de vista de su objetivación. Este es el obstáculo al que se han enfrentado todos los intentos filosóficos, empezando por Platón y Aristóteles, de pensar sobre las cosas; por no hablar del lenguaje científico, el cual —según Heidegger— ha conducido a una deformación aún más clamorosa. Al tratar de objetivar la cosa, el lenguaje científico la destruyó antes de poder siquiera acercarse a ella. En este punto, concluye Heidegger, «la cosa, como cosa, sigue estando descartada, sigue siendo algo nulo y, en este sentido, está aniquilada»[2].

En el origen de esta deriva, paralela a la despersonalización de la persona, hay un cambio semántico que afecta al término

1. M. Heidegger, «La cosa», en *Conferencias y artículos*, Serbal, Barcelona, 1994, p. 144.
2. *Ibid.*, p. 148.

latino *res*, debilitándolo. Este término, cercano al verbo griego *eiro*, que significa «hablar de algo» o «tratar cierta cuestión», se refiere a aquello, un caso o una causa, que concierne a los seres humanos. Este es el origen del término *cosa* y del francés *chose*, pero también, en un sentido próximo, del nombre *Ding* (o *thing*) proveniente del antiguo alto alemán y que se refiere a una reunión para discutir un tema controvertido o a una asamblea en la que se juzga algo. Este efecto nihilista, más vinculado al devenir que al ser, ya está implícito en los aspectos jurídicos que caracterizan todos los «nombres» de la cosa, desde *res* a *Sache* o *Ding*. La cosa, en la medida en que es «hecha» o «se hace», se halla siempre atrapada en el «proceso» legal que decide su destino en una asamblea judicial. Pero aun este significado «social», por decirlo de algún modo, se difumina hasta desvanecerse y ser reemplazado por otro, más neutral, que se refiere a una entidad producida o representada. La raíz del término-concepto *ens*, de uso extendido durante la Edad Media, hunde sus raíces en la metafísica griega antigua, incapaz también de enfrentarse a la cosa sin vaciarla. Desde entonces, lo que llamamos «ontología» ha estado fuertemente vinculado con el nihilismo, en la medida en que la semántica del «ser» [*ente*, en italiano] se halla inextricablemente conectada con la de la «nada» [*niente*, en italiano]. De esta forma, tan pronto como la cosa fue puesta en relación con el ser, fue asaltada por la fuerza de negación que este último transmite.

¿Por qué se produce esto? ¿Por qué la cosa, cuando es traducida al lenguaje del ser, acaba siendo canalizada hacia la nada? Esta es la cuestión que Platón se plantea en primer lugar. Aunque en la *República* se refiere a una cosa sobre la que «no se puede pensar con certeza que sea ni deje de ser, ni que sea ambas cosas o ninguna de ellas» (479c), en el *Sofista* llega a una conclusión aún más inquietante. No solo no es posible negar que la nada existe, como intentó Parménides, sino que debemos admitir que el ser mismo está esculpido en la nada. Como afirma el Extranjero, «el no-ente se nos mostró uno de los géneros disperso por todo lo ente […], es obvio que el no-ente participa del ente» (260b-d). Decir lo que algo es en su individualidad, aquí y ahora, implica sugerir todo lo que no es o, con otras palabras, su diferencia respecto a todas las demás cosas. Así pues, afirmando «esto aquí» en su singularidad, lo negativo penetra en lo positivo y se establece como su presuposición ineluctable.

Sin adentrarnos demasiado en cuestiones sobre la filología de Platón, es posible afirmar que esta consecuencia nihilista se sigue específicamente del intento de salvar las cosas uniéndolas a un plano trascendente, es decir, a su esencia ideal[3]. De esta forma, la cosa es separada, por así decir, de sí misma y dividida en dos niveles, uno de los cuales es externo y sobresaliente respecto del otro. Sin embargo, de este modo la afirmación en el plano de la esencia conlleva en último término la negación en el plano de lo real. Dado que nunca puede salvar por completo la distancia con respecto a su propia esencia, la cosa individual es siempre insuficiente y se halla permeada por el no-ser. Desde el principio parece faltarle aquello de lo que, no obstante, deriva su significado. Basada en una idea elevada pero incapaz de ajustarse a ella, la cosa queda a merced de su propia insuficiencia. Esta desviación de sí misma, implícita en el proceso de «entificación», es lo que la expone al impacto divisivo de la nada. Al entender la cosa como ser, el *logos* acaba por negarla.

Incluso Aristóteles, que también buscaba superar el dualismo platónico entre la cosa y su idea, seguía atrapado en el mismo dispositivo de separación y anulación. A partir del convencimiento de que «es imposible que un mismo atributo pertenezca y no pertenezca simultáneamente a una misma cosa en el mismo sentido» (*Metafísica* IV, 3, 1005b), Aristóteles acaba llegando precisamente a esta conclusión. Queriendo cerrar la fractura abierta por Platón, introduce el *eidos* en la cosa, convirtiendo el *eidos* en su sostén. El fundamento ya no se sitúa en lo alto, en el cielo de las ideas, sino más bien por debajo de la cosa misma. El *eidos* es el sustrato (*hypokeimenon*) de la cosa: lo que permanece estable a través de cualquier cambio. En consecuencia, la ruptura con el mundo exterior, que había sido remendada, penetra ahora en la propia cosa, dividiéndola entre una sustancia subyacente e inmutable y la forma que toma cada vez: «De modo que es evidente que cada cosa que llega a ser es siempre un compuesto. Por un lado, es cierta cosa que llega a ser y, por otro, aquello que llega a ser esta cierta cosa» (*Física*, 190b). Resumiendo: puesto que la cosa siempre tiende a

3. Sobre esto, y en general sobre la relación entre ontología y nihilismo, véase el perspicaz libro de N. Russo, *La cosa e l'ente. Verso l'ipotesi ontologica*, Cronopio, Nápoles, 2012.

actualizarse a sí misma, es a la vez igual y distinta de aquella en la que deviene. Es cierto que, a diferencia del esquema de Platón, esta discrepancia no sobrepasa los límites de la cosa. Pero precisamente por esto, porque la separación se halla en su interior, la divide aún más profundamente. La cosa deviene una especie de compuesto, cualquier cosa menos una unidad cohesiva, en la que aquello que subyace jamás puede ser completamente idéntico a lo que emerge a la superficie. La forma permanece separada de la materia, como la causa del efecto. Dividida entre su parte inferior y superior, la cosa amenaza de nuevo con su separación en capas.

La forma de superar esta contradicción es atar la cosa a un principio que gobierne su movimiento. Esto es lo que Aristóteles definió como «motor inmóvil», secularizando el demiurgo platónico. Sin embargo, este giro en la metafísica griega solo evidenció aún más la heteronomía de la cosa. A partir del momento en que se hizo depender la cosa de una causa externa que la hacía ser, la cosa fue concebida como defectuosa y deficiente. Este salto de paradigma fue más allá aún de su (ciertamente importante) significado teológico para pasar a afectar al régimen de las cosas en sí mismo. La cosa se convirtió en el producto de un artesano, en primer lugar divino, y más tarde humano, del cual depende su realización. Así es como todas las cosas acabaron siendo sumergidas en la dimensión productiva de la *techne*. Más que surgir, de acuerdo con la concepción premetafísica, de la apertura de la *physis*, las cosas aparecen como el resultado de una creación sin la cual no existirían. Aun sin profundizar en el papel decisivo que jugó la doctrina cristiana en este salto paradigmático, lo que es evidente es el progresivo deslizamiento del ser hacia la nada que aquel conlleva. Cuando Tomás de Aquino afirmó que, «comparadas con Dios, las cosas son nada»[4], se forjó definitivamente el vínculo entre ontología y nihilismo.

El proceso de desintegración de la cosa, que fue de la mano con su tratamiento metafísico, parecía entonces inevitable. Su transposición en «ser» anticipaba su formulación como «objeto», que sería central en el ensayo de Heidegger «La época de la imagen del mundo». Mientras que en el Medievo la cosa era entendida

---

4. Véase Tomás de Aquino, *Sobre la verdad*, Biblioteca Nueva, Madrid, 2004, (cuestión 2, artículo 2.8); N. Russo, *La cosa e l'ente*, cit., pp. 149 ss.

como *ens creatum*, el fruto de la acción creativa de Dios, más tarde fue interpretada como aquello que es representado o producido por los seres humanos. Sin embargo, al entrar en el dispositivo de representación o producción, la cosa —transformada ahora en objeto— pasa a depender del sujeto, perdiendo así su autonomía. Tal como apuntó Heidegger, esta transición parece lograrse plenamente con Descartes: «Lo ente en su totalidad se entiende de tal manera que solo es y puede ser desde el momento en que es puesto por el hombre que lo representa y produce»[5]. No debemos perder de vista el nexo que une el subjetivismo con el objetivismo mientras al mismo tiempo los divide: sin un sujeto representante, no hay cosa representada y viceversa. Los lazos que la separación entre personas y cosas busca cortar son así firmemente estrechados de nuevo. Las personas y las cosas se enfrentan unas a otras en una relación de mutua intercambiabilidad: para ser un sujeto, el hombre moderno debe hacer al objeto dependiente de su propia producción; pero de forma parecida, el objeto no puede existir más allá de la capacidad creativa del sujeto. La separación que Kant hace de la cosa entre fenómeno y noúmeno —entre la cosa como aparece a nosotros y la «cosa en sí»— lleva esta separación hasta su conclusión extrema. En ningún otro caso como en este se hace tan claramente patente la implicación entre la separación de la persona y la desintegración de la cosa. Cada una de ellas puede separarse de la otra comenzando solo por aquello que la separa de sí misma, invirtiéndolo en su opuesto. Así, mientras que la persona es en todo momento vulnerable a la posibilidad de volverse cosa, la cosa permanece siempre sujeta a la dominación de la persona.

RES

Aunque la filosofía tiende a eliminar la cosa en sus construcciones conceptuales, el efecto divisorio de la ley no es menos fuerte. Una longeva tradición interpretativa nos ha acostumbrado a yuxtaponer la formulación filosófica griega a la experiencia jurídica romana, en la línea de la confrontación entre lo abstracto y lo concreto.

5. M. Heidegger, «La época de la imagen del mundo», en *Caminos de bosque*, Alianza, Madrid, 1995, p. 88.

La abstracción de un mundo hecho de ideas, propia de la antigua metafísica griega, se opone, supuestamente, a la concreción de las relaciones reales instituidas por el derecho romano. En realidad, la relación entre los dos mundos es mucho más compleja. Sin restar importancia a la paradigmática irreductibilidad del *ius* romano frente al *logos* griego, sigue habiendo entre ellos un cierto número de conexiones. El derecho también produce una metafísica propia, ciertamente diferente, pero que aun así se halla relacionada con la metafísica griega. Es cierto que, a diferencia del pensamiento griego, la metafísica del derecho siempre se refiere a relaciones concretas de pertenencia, transacción y contrato que implican la relación entre personas y cosas. Lo hace sin embargo de una forma que las abstrae, trasladándolas a un plano general. Podría parecer que, para ser aplicado a casos individuales, el derecho debiera resituarlos en un mundo de esencias ideales dotadas de vida propia. Por este motivo, los «hechos» a los que se refiere la ley no son contemplados en cuanto tales, sino a través de un filtro trascendental que los vacía de su contenido concreto y los proyecta en una especie de universo paralelo. Por ejemplo, para intervenir en un caso de compraventa, el derecho construye el modelo abstracto de la venta del cual deduce las normas para regularla. Así pues, igual que sucede en la metafísica —de la cual pretende distanciarse—, el derecho actúa sobre la vida separándola de sí misma, dividiéndola en dos planos superpuestos reunidos solo *a posteriori*. Esto produce un doble efecto de vaciado e idealización. Por un lado, relaciones, personas y cosas son privadas de cualquier especificidad y relegadas a fórmulas generales; por otro lado, las estructuras lógicas y los esquemas ideales asumen un estatus ontológico de tipo espectral que, sin embargo, produce efectos reales y poderosos.

Para entender el mundo jurídico establecido en la Roma antigua —y que se extendió desde ella a todo Occidente— no podemos pasar por alto esta peculiar conexión entre realismo y metafísica, entre concreción y abstracción[6]. Hemos visto los efectos exclusi-

---

6. Sobre la relación entre derecho romano y metafísica griega, y en general sobre esta caracterización del derecho romano, véase la obra fundamental de A. Schiavone, *Ius. L'invenzione del diritto in Occidente*, Einaudi, Turín, 2005, pero también, en una clave diferente, L. de Sutter, *Deleuze e la pratica del diritto*, Ombre corte, Verona, 2011, pp. 88-89.

vistas que se dan en las relaciones entre personas; algo parecido ocurre con respecto a las cosas. El mismo dispositivo jurídico que causa una reificación de las personas produce una desmaterialización de las cosas. Del mismo modo que la gente se halla dividida en su seno por la línea que las opone a las cosas, también las cosas tienden a perder su consistencia en una dimensión formalizada que las priva de sustancia. En el derecho romano el término *res* no designa las cosas del mundo, aunque se halla en contacto con ellas. *Res* tiene un doble estatus que abarca desde un significado intensamente material a otro puramente formal. Por un lado, *res* es la cosa en su realidad objetiva y, como tal, distinta de la persona que la usa. Por otro lado, se refiere al proceso abstracto que le asigna importancia jurídica. *Res* es, al mismo tiempo, tanto lo disputado jurídicamente como la disputa: cosa y causa.

Si perdemos de vista esta característica distintiva —que hace de la cosa a la vez el objeto del proceso y el proceso en sí mismo—, el mundo conceptual romano nos resulta impenetrable. Para identificar su carácter peculiar, debemos evitar superponerlo a la metafísica griega o a la perspectiva moderna, buscando sin embargo comprender sus conexiones con ambas. *Res*, en el antiguo sentido romano del término, tiene poco que ver con un elemento natural o con un artefacto humano. No es ni aquello que siempre ha precedido a los seres humanos ni tampoco el *obiectum* que se yergue frene al sujeto —en alemán denominado *Gegenstand*—. Como hemos visto, en el sentido jurídico procesal de un «caso concreto», el término es, si acaso, comparable al griego antiguo *pragma*, entendido este como el asunto o cuestión que nos ocupa. Más que algo dado, la cosa es un hecho que nos concierne profundamente, que continuamente «nos pone en cuestión». Por ejemplo, *res publica* es aquello que nos interesa desde el punto de vista del interés colectivo, del mismo modo que *res communis*, al no pertenecer a nadie en particular, pertenece a todo el mundo.

Cuando se dice que el derecho romano es eminentemente objetivo, distinguiéndolo así del derecho moderno que, en cambio, se considera subjetivo, el término «objetivo» no debería ser entendido como algo relacionado con las cuestiones materiales. Es cierto que no son las personas, sino las cosas, las que prevalecen en el derecho romano, siendo la posesión de estas últimas lo que hace de las personas lo que son. En consonancia, las cosas sirven para asegurar

las relaciones entre personas, dividiéndolas en diferentes categorías, desde los *patres* hasta los *servi*. Sin embargo, precisamente
por esta razón, puesto que sirven para establecer relaciones entre
personas dividiéndolas en roles diferentes, las cosas mantienen
un estatus funcional en un sentido jurídico que, al mismo tiempo, las vacía de cualquier contenido. Esto no quiere decir que la
res no se refiera a una realidad ajena al mundo de la naturaleza
o a los productos de los humanos; al contrario, en un horizonte
como el del derecho, que no es teórico sino práctico, esto ocurre
regularmente. La *res* romana no es una representación puramente
mental, un constructo lógico sin correspondencia en la vida real.
Ocupa un espacio y un tiempo limitados. Sin embargo, esto no le
otorga valor material. Lo interesante de la cosa desde un punto
de vista jurídico no es su sustancia, sino el marco formal en el que
es introducida y que ayuda a crear. En este sentido, a pesar de la
clásica distinción entre *res corporales*, que pueden ser tocadas, y
res incorporales, que no pueden serlo, las cosas con las que se ocupa
el derecho pertenecen todas a esta segunda categoría. Es precisamente el derecho, al ocuparse con ellas, el que las convierte en
tales. Incluso aquellas que tienen un cuerpo son virtualmente separadas del mismo en el momento en que entran en la esfera del
ius. Es como si, en este universo fantasmal que acaba por empujar
a algunas personas hacia el régimen de las cosas, la concreción
material de estas se disolviera y fueran expuestas a la experiencia de la nada.

Esta consecuencia se desprende del carácter autorreferencial
con el que se originó el derecho, siguiendo un modo abstracto destinado a ser transmitido al ordenamiento jurídico moderno. Desde
este punto de vista se puede decir que el derecho romano, quizá más
que la metafísica griega, constituye el modelo epistémico conforme
al cual se ha formado la totalidad del conocimiento occidental. Sin
embargo, hay otro sentido, aún más poderoso, en el que la negación
envuelve y caracteriza la dimensión de la *res* jurídica. Estamos fami-
liarizados con el carácter estrictamente patrimonialista del derecho
romano. Este considera las cosas antes que las personas, y las personas siempre en relación con las cosas. Lo que define las cosas es su
pertenencia a uno o más propietarios. Aun cuando no pertenezcan
a nadie, son siempre apropiables en principio; nunca pueden escapar al régimen, por lo menos, de la apropiabilidad potencial. Sin

embargo, el derecho romano nunca comienza desde un registro positivo de este tipo; siempre empieza desde su reverso negativo: desde las cosas *no* disponibles para la posesión[7]. La diferencia con aquellas que sí están disponibles es, para el conjunto del derecho, de tipo fundacional, hasta el punto de salirse de la cadena de disyuntivas en las *Instituciones* de Gayo. Las cosas se dividen en principio entre las que son de nuestra propiedad y las que no lo son. Pero en lugar de proceder a partir de las que sí lo son, el discurso jurídico procede a partir de las que no lo son. Las cosas apropiables no se definen *per se* sino en contraposición a las que, por diversos motivos, no lo son. Rara vez mencionan las fuentes las *res in patrimonio* o *in commercio* excepto en contraposición con las *res* que son inalienables, al ser cosas de tipo público o religioso. El derecho privado —que en la antigua Roma era el predominante hasta el punto de absorber casi cualquier otro aspecto jurídico— presupone una negatividad que lo constituye. Este es otro rasgo que aparece paralelamente, aunque de forma asimétrica, tanto en la tradición metafísica iniciada por Platón como en la concepción cristiana. Los seres son atravesados por la nada porque en último término surgen de esta: desde su origen, están mezclados con la nada de la que han sido creados.

Incluso el ordenamiento jurídico conserva un cimiento negativo: es legal aquello que no está prohibido, de la misma forma que en la antigua Roma la gente libre es aquella que *no* es esclava. El *liber* se distingue por el hecho de no ser *servus*. En efecto, la condición más mencionada en el derecho romano es precisamente la de la esclavitud, es decir, la de aquellos que carecen de prerrogativas legales. Para explicar lo que quiere decir *sui iuris*, se define lo que es *alieni iuris* derivando el significado del primer término a través de la oposición con el segundo. Esto es especialmente cierto para la cosa. A través de un procedimiento lógico que dobla la negación, y evitando la afirmación, las *res mancipi* son aquellas que *no* son *nec mancipi*. La inclusión de algo en la esfera del *ius*, que en Roma abarca en última instancia todas las cosas, siempre emerge a través de una exclusión. Lo que se excluye no es aquello que no se incluye; más bien, lo que se incluye es aquello que

---

7. Véase Y. Thomas, «La valeur des choses. Le droit romain hors de la religion»: *Annales. Histoire. Sciences Sociales* 57/6 (2002), pp. 1431-1462.

no se excluye. Cuando se examinan atentamente, todas las distinciones que se originan la una en la otra en una continua cadena de alternativas —empezando por la *summa divisio*— se adaptan a este registro negativo. Ninguna categoría es definida nunca en sí misma, sino por medio de lo que diverge de ella. Lo mismo que las cosas apropiables son *diferentes* de las inapropiables, las *res humani iuris* (cosas del derecho humano) son aquellas que no son *divini iuris* (del derecho divino). En el contexto de la ley humana las cosas privadas son, a su vez, las que *no* son públicas. E incluso entre las cosas públicas, las que pertenecen al Estado son aquellas que *no* pertenecen a todo el mundo, que son en cambio definidas como *communes*. Sin embargo, pertenecer a todo el mundo —una última divergencia más— no es lo mismo que ser *nullius*, no pertenecer a nadie, porque mientras que las primeras son inapropiables en cualquier caso, las segundas —aunque de momento no se las haya apropiado nadie— son apropiables por el primero que las aprehende. De esta forma, lo que se incluye se genera a partir de lo que se excluye, y lo positivo a partir de lo negativo.

LAS PALABRAS Y LAS COSAS

Ya antes del *ius* romano y el *logos* griego, estaba la experiencia del lenguaje para negar las cosas en su contenido viviente. Esto contrasta con la idea, muy extendida, de que el lenguaje es un simple vehículo expresivo, y de que existe una correspondencia natural, o incluso artificial, entre palabras y cosas: las palabras como la forma verbal de las cosas, y las cosas como el contenido de las palabras. Ciertamente, como narra el Génesis, cuando Dios dio el lenguaje a los seres humanos, este era la señal misma de las cosas: el lenguaje se parecía tanto a las cosas que las revelaba con total transparencia. El significado parecía así brotar de las cosas como la luz surge del sol o una fuente brota de la roca. Más tarde, con el derrumbe de la torre de Babel, esta correspondencia se rompió. Mientras las lenguas siguieron multiplicándose, una brecha cada vez más ancha se abría entre las cosas y cada una de las lenguas vernáculas. En el siglo XV, el lenguaje aún parecía ser parte del mundo, pero ya hacia el final del Humanismo renacentista, el lenguaje se había retirado del mundo, encerrándose en el espacio abstracto de los signos representacionales. El antiguo lazo entre las palabras y las cosas se había roto. El nombre de las cosas inscrito en la piel de estas empezó a desvanecerse, al tiempo que las palabras perdían todo acceso directo a la vida de las cosas. No solo era el lenguaje incapaz de resolver el enigma oculto en el interior de las cosas, sino que tendía en realidad a hacerlo más y más indescifrable. La experiencia alucinante de Don Quijote en el otoño del Renacimiento señala el fin de la similitud entre el ser y sus signos: «La escritura y las cosas ya no se asemejan. Entre ellas, Don Quijote vaga a la aventura»[8]. Las palabras, distantes ya de las cosas, se refugian en los pliegues de los libros o se confunden unas con otras en las profundidades de la locura. Dado que el lenguaje ya no es una imagen del mundo, puede como mucho intentar traducir aquello que es naturalmente incapaz de expresar. Para Descartes, la verdad ya no reside en el nexo entre palabras y cosas, sino en la percepción evidente de una consciencia presente a sí misma. Ya no hay nada que pueda garantizar algún tipo de correspondencia entre significante y significado. En el nuevo régimen del significado, el perfil de la diferencia reemplaza el rostro de la similitud, desfigurándolo. Para que exista la representación, debe haber una distancia entre signo y significado. Para exponer la cosa, el lenguaje debe desvincularse de ella y aislarse en su propio universo autorreferencial.

Pero si es así, todo enunciado acaba teniendo un impacto negativo. El lenguaje puede afirmar la cosa solo negando su presencia viviente. Lo que Foucault ve como la apertura de una brecha podría ser entendido como un trabajo de negación. En lugar de atribuir la ruptura al advenimiento de una nueva episteme, podemos explicarla a través de la estructura del acto lingüístico. El dar nombre a las cosas por parte del lenguaje es un acto de todo menos neutral: tiene más bien el carácter de una intrusión violenta. Parecería que para que el lenguaje se apropiara de las cosas —separadas ahora de él— tuviera que proyectar en ellas la fractura que lleva en su interior. En cualquier caso, la idea de que el lenguaje se caracteriza fundamentalmente por la negación es un hecho no siempre captado por los filósofos, pero que tienen muy presente los lingüistas.

8. M. Foucault, *Las palabras y las cosas*, Siglo XXI, México DF, 1984, p. 55.

Para Ferdinand de Saussure, «la lengua en su esencia no se alimenta más que de oposiciones, de un conjunto de valores completamente negativos y que solamente existen por mutuo contraste»[9]. El lenguaje es distinto de los códigos comunicativos prelingüísticos, naturalmente orientados al acuerdo, dada su capacidad de negar lo que representa. El uso del «no», como se ha apuntado, es la prerrogativa más importante del discurso humano[10]. Sin embargo, si lo examinamos detenidamente, la negatividad del lenguaje, como asimismo el acto de representar, afectan también a la realidad de lo que representan. Lo que es negado en el procedimiento lingüístico no es solo una cierta forma de ser de la cosa, sino, en cierto sentido, su propia existencia. Para nombrar la cosa, el lenguaje debe trasladarla a una dimensión diferente de la real. Al no tener ninguna relación constitutiva con las cosas a las que nombran, las palabras las privan de la realidad que, sin embargo, buscan expresar. Solo al perder su existencia concreta son los seres representables lingüísticamente. En el mismo momento en que una cosa es nombrada pierde su contenido y es transferida al espacio insustancial del signo. De esta forma, su posesión por el lenguaje coincide con su aniquilación.

Este dispositivo nihilista es central en la filosofía de Hegel. Aunque en las primeras páginas de la *Ciencia de la lógica* pone de manifiesto la relación entre el ser y la nada —tratada ya en el *Sofista* de Platón—, en la *Fenomenología del espíritu* la atribuye al poder divisivo del lenguaje. La cosa singular —este trozo de papel, esta caja de hojalata, esta chispa brillante— es inalcanzable para un lenguaje diseñado para expresarse con conceptos universales. Escribe Hegel: «Bajo el intento real de decirlo [la cosa] se desintegraría; quienes comenzaran a describirlo no podrían acabar su descripción, sino que deberían dejarlo a cargo de otros, los cuales tendrían que reconocer ellos mismos, a la postre, que hablaban de una cosa que no es»[11].

9. F. de Saussure, *Escritos sobre lingüística general*, Gedisa, Barcelona, 2004, p. 73.

10. Como sostiene acertadamente Paolo Virno en su *Saggio sulla negazione. Per un'antropologia linguistica*, Bollati Boringhieri, Turín, 2013. Véase también M. Donà, *Sulla negazione*, Bompiani, Milán, 2004.

11. G. W. F. Hegel, *Fenomenología del espíritu*, Abada, Madrid, 2010, p. 70.

En el momento en que el lenguaje intenta aprehender el «esto» —es decir, la cosa en su concreción singular—, lo niega al transferirlo a un plano abstracto de categorías. Esto ocurre porque, para comprender algo conceptualmente, debemos reconocer la negación que lo constituye dialécticamente. El lenguaje puede expresar lo que es solo presuponiendo su negación. Nombrar las cosas, en el momento en que son asignadas a la clase que las incluye, liquida su ser empírico, reduciéndolas a una serie infinita. Para representar las cosas en su esencia, el lenguaje las suprime en su existencia. En suma, la palabra dice el ser para nosotros, pero separado de su singularidad y reducido a la abstracción.

Este poder negativo del lenguaje no es, como decía Foucault, el resultado de una fractura en el orden del discurso a la que se llegó en cierto momento, sino algo dado ya en origen, rastreable hasta su génesis: «El primer acto mediante el cual Adán instauró su dominio sobre los animales fue darles un nombre, por lo que los negó como seres independientes»[12]. En su comentario de este famoso pasaje de Hegel, Maurice Blanchot llegó hasta el punto de afirmar que el lenguaje, como prefacio de cada palabra, necesita «una especie de inmensa hecatombe, un diluvio previo, que hunda en un mar completo a toda la creación»[13]. Después de que, simplemente al hablar, los humanos aniquilaran todos los seres, Dios tuvo que rehacerlos desde cero a partir de la nada desde la que se habían deslizado. Así es como un ser hecho de nada ocupó el sitio de los seres individuales fijados en su existencia concreta. Por supuesto, el lenguaje no mata a nadie en un sentido físico. Pero cuando alguien dice «este gato» o «esta mujer», estos son sacados de su presencia inmediata y consignados a la ausencia. Blanchot infiere de esto que el lenguaje establece una relación entre las cosas y la muerte, de forma que sería más «exacto decir cuando hablo, la muerte habla en mí»[14]. Desde este punto de vista, el destino de las cosas se acerca más al de las personas. Aun separadas por un límite irrompible —o precisamente por ello—, es como si el poder de la nada se comunicara de unas a otras. La muerte que

12. G. W. F. Hegel, *Filosofía real*, FCE, Madrid, 1984, p. 156.
13. M. Blanchot, «La literatura y el derecho a la muerte», en *De Kafka a Kafka*, FCE, México DF, 1991, p. 44.
14. *Ibid.*, p. 45.

el lenguaje confiere a las cosas regresa, volviendo a los sujetos que lo usan. La capacidad de hablar se alía con un vacío de sustancia que es comunicado a través de las palabras de aquellos que las pronuncian, arrastrando al hablante al mismo vórtice: «Cuando hablo, niego la existencia de lo que digo, pero niego también la existencia de quien lo dice»[15].

El único tipo de lenguaje que «salva» la cosa es el lenguaje literario. No porque preserve las cosas en su ser, sino porque da por sentado que, al darles significado, las destruye. El ideal de la literatura, tal como lo presenta Blanchot, es no decir nada; o no decir nada en absoluto, sabiendo que la palabra escrita debe su significado a aquello que no existe. A no ser que uno entienda las palabras en sí mismas como el lugar donde son depositadas —una hoja de papel, un fragmento de roca, la corteza de un árbol— como cosas, las únicas que siguen con vida. Mientras que el lenguaje común deja a las cosas separadas de las palabras, en el lenguaje literario las palabras son convertidas en cosas nuevas que viven de la nada introducida en ellas. La literatura lleva a las cosas a su origen y a su destino final. No intenta, en vano, sacarlas de la nada. Las acompaña en su deriva. Por un lado, la literatura es esta grandiosa fuerza destructiva, la devastación más violenta del carácter natural de las cosas. Por otro, es la forma suprema de atención a lo que queda de las cosas, a las cenizas que el fuego deja tras de sí. La literatura «no está más allá del mundo, pero tampoco es el mundo: es la presencia de las cosas antes de que el mundo sea, su perseverancia cuando el mundo ha desaparecido, el empecinamiento de lo que subsiste cuando todo se borra y el embotamiento de lo que aparece cuando no hay nada»[16].

EL VALOR DE LAS COSAS

En el mundo moderno las cosas son aniquiladas por su propio valor. Esta formulación solo puede sorprendernos si el término «valor» tiene para nosotros una connotación ética, algo que, bajo un proceso de secularización, ha sido vaciado de significado al ser

15. *Ibid.*, p. 46.
16. *Ibid.*, p. 52.

trasladado a una dimensión económica. El valor económico de una cosa es determinado por parámetros objetivos que poco tienen que ver con su cualidad intrínseca. Este proceso general de explotación, que afecta al conjunto de la sociedad moderna, es reconstruido en cada uno de sus pasos por Karl Marx. Las mercancías —a las que las cosas se han visto mayoritariamente reducidas— tienen un valor de uso relativo a la forma en que son usadas, y un valor de cambio definido, en cambio, por el tiempo necesario para su producción. Este segundo tipo de valor, que puede ser expresado en una sola unidad de medida, permite que los bienes sean intercambiados en el mercado. Las cosas, cuando son consideradas en términos de su valor de uso, conservan su cualidad particular, pero la pierden cuando son tratadas de acuerdo a su valor de cambio. Esta es la razón de que, en lugar de fortalecer su significado, el valor de las cosas las allane, convirtiéndolas en una serie indiferenciada. Sin embargo, Marx arroja luz sobre otro efecto, más potente aún, de la desrealización. Tal como escribió en un famoso pasaje sobre el fetichismo de la mercancía, cuando una mesa es usada como tal, sigue siendo el objeto de madera que todos conocemos, pero en el momento en que entra en el mercado «se transmuta en cosa sensorialmente suprasensible. No solo se mantiene tiesa apoyando sus patas en el suelo, sino que se pone de cabeza frente a todas las demás mercancías»[17]. La causa de este fenómeno de inversión, muy parecido a un hechizo, es precisamente el valor de cambio que convierte cada producto del trabajo en una especie de «jeroglífico social». Lo que la gente percibe como cualidades naturales de las cosas son en realidad las relaciones sociales condensadas en ellas: «Lo que aquí adopta, para los hombres, la forma fantasmagórica de una relación entre cosas, es solo la relación social determinada existente entre ellos»[18].

Aquí, en esta clásica interpretación quiasmática, reaparece el vínculo entre personas y cosas con el que empezamos. Su división no solo aparece como una forma de implicación, sino como una auténtica metáfora del intercambio que transmuta unas en otras. Lo que parecen ser cosas no es más que el resultado invertido de las relaciones entre personas. El dinero, habiéndose transformado en capital, constituye su expresión eminente: como puro valor de

17. K. Marx, *El capital*, Siglo XXI, Buenos Aires, 2008, t. 1, p. 87.
18. *Ibid.*, p. 95.

cambio, es visto como la cosa más valiosa que poseer. Pero además de este primer hechizo, que atribuye a las cosas la autonomía de figuras dotadas de vida propia, aparece un segundo encantamiento, complementario e inverso, que convierte a las personas en cosas. Los análisis de Marx sobre la reificación son sobradamente conocidos y han sido comentados por una vasta literatura. En el mercado capitalista, toda una clase de personas se convierte en un producto libremente adquirible e intercambiable en el mercado. Como cualquier otra mercancía, la fuerza de trabajo tiene un valor de cambio, proporcional al tiempo necesario para su producción. Esta última ejerce un control total sobre aquellos que creen tenerla a su disposición. En suma, al transformar las cosas en mercancías, las personas se transforman a sí mismas en cosas. Esto se aplica en primer lugar a los que están encadenados al mecanismo de la producción como esclavos modernos. Pero, en general, se aplica a todo el mundo. Incluso el capitalista se halla encerrado en el mecanismo de explotación de una forma autosuficiente. Se ocupa en maximizar el valor del valor de la misma forma en que reproduce la producción. Estas son las dos caras de un mecanismo que, al tiempo que personifica las cosas, cosifica las personas hasta un punto desconocido en sociedades anteriores. En estas sociedades «las relaciones sociales existentes entre las personas en sus trabajos se ponen de manifiesto como sus propias relaciones personales y no aparecen disfrazadas de relaciones sociales entre las cosas, entre los productos del trabajo»[19]. En el régimen capitalista, ocurre lo contrario. Del mismo modo que los trabajadores son la «esclavitud personificada», también los capitalistas se convierten en «capital personificado», «personificaciones del capital y del trabajo asalariado»[20].

Este proceso, entendido por Marx en los términos de una crítica de la economía política, se presta de forma natural a otras interpretaciones. Durante los años veinte, al tiempo que Georg Lukačs enfatizaba su aspecto reificante, Water Benjamin, desde una perspectiva más dinámica, reconocía su poder para transformar antiguos ordenamientos. El hecho de que la alienación afecte a la naturaleza de la cosa, además del trabajo necesario para producirla, es una premisa que necesita ser demostrada. Al postular lo «bueno»

19. *Ibid.*, t. III, p. 1116.
20. *Ibid.*

74

de la cosa como algo externo a ella —separando su naturaleza de su valor—, Marx muestra una remota influencia platónica. Aquí se origina también su concepto patológico de «fetichismo», que sería más tarde recuperado por Sigmund Freud. Esto es exactamente lo que Benjamin rebate en su ensayo «La obra de arte en la época de su reproductibilidad técnica». Contra la tendencia antitecnológica que permeaba toda la cultura de la época, lo que Benjamin identifica como reproductibilidad ilimitada de la obra de arte es algo que transforma profundamente la percepción estética. La destrucción del «aura» libera al objeto de la vaina romántica que lo envuelve, prolongando su vida infinitamente. Cualquier cosa infinitamente reproducible es, en principio, eterna. Sin embargo, esto es un proceso inherentemente contradictorio, dado que la extensión en el tiempo se paga con una disminución de la profundidad ontológica. Es casi como si la cosa, al proyectarse en el futuro, perdiera su arraigo en el pasado y, con este, la capacidad para ser testigo del presente: «La autenticidad de una cosa es la cifra de todo lo que desde el origen puede transmitirse en ella desde su duración material hasta su testificación histórica. Como esta última se funda en la primera, que a su vez se le escapa al hombre en la reproducción, por eso se tambalea en esta la testificación histórica de la cosa»[21].

Podría afirmarse que estos dos aspectos percibidos por Benjamin se han reflejado en nuestro mundo contemporáneo. Por un lado, como apuntan los antropólogos del arte, los objetos artísticos experimentan una subjetividad que los hace más parecidos a seres personales dotados de capacidad para actuar que a simples cosas[22]. Esto es lo que incitó a Günther Anders a hablar de una psicología de las cosas[23]. La tecnología, de una forma no diferente del arte, puede también conferir una especie de vida de relación a los objetos, especialmente a los de tipo electrónico o telemático. Sin embargo, al contrario que la obra de arte, esto parece surgir de su mecanismo interno, independientemente de quien lo active. Esta autonomía, que parece otorgar un cierto perfil personal a las cosas, es precisa-

---

21. W. Benjamin, «La obra de arte en la época de su reproductibilidad técnica», en *Discursos interrumpidos* I, Taurus, Madrid, 1982, p. 22.
22. Véase A. Gell, *Arte y agencia. Una teoría antropológica*, SB, Buenos Aires, 2016.
23. Véase G. Anders, *La obsolescencia del hombre*, vol. II, Pre-Textos, Valencia, 2011.

mente la que produce un efecto de despersonalización en los que, no siendo ya sujetos, se convierten en objetos pasivos. Este es el razonamiento que se halla tras la observación de Simone Weil según la cual, «dado que el pensamiento colectivo no puede existir como tal pensamiento, pasa a las cosas (signos, máquinas...). De ahí la paradoja: es la cosa la que piensa y el hombre quien queda reducido al estado de cosa»[24].

Aquí nos encontramos con la otra perspectiva desde la que puede ser examinado el problema. El proceso de personalización de las cosas aparece ahora como un reflejo invertido, como el resultado de la reificación de las personas. En el origen de esta línea interpretativa —no necesariamente opuesta a la primera— se halla Heidegger. En una conferencia impartida conjuntamente con la dedicada a «La cosa» Heidegger comienza diciendo que por más que sus fragmentos perdidos nos sean muy preciados, cada cosa adquiere las características de su equivalente. Respecto a la transformación moderna de la cosa en objeto, hay un paso más que hace del objeto una simple «reserva permanente [*Bestand*]». Con su aparición, incluso aquello que quedaba del ser desaparece. El recurso se posiciona no en sí mismo, sino en función de su uso. Así, el carbón que sirve para alimentar una central eléctrica no es una cosa en el mismo sentido en que lo es la jarra en la mesa. Mientras que la jarra no produce nada más que su simple presencia, al carbón se le hace ser para generar calor. Aquí, como en Marx, producción y explotación convergen en el mismo efecto de desrealización de la cosa; con la diferencia de que, más que atribuir este resultado al ánimo de lucro, Heidegger lo conecta con la tendencia a usar todo aquello que se halla a nuestra disposición; este es también el significado literal del término «dispositivo». Lo que está a nuestra disposición es también reemplazable con algo equivalente y, por lo tanto, en último análisis, superfluo. En suma: a diferencia de Benjamin, Heidegger no ve en la reproductibilidad de la cosa su posible extensión, sino su eliminación potencial en favor de otra cosa plenamente equivalente. En posicionalidad (*Gestell*), «una cosa expulsa a la otra»[25].

24. S. Weil, *Cuadernos*, Trotta, Madrid, 2001, p. 41.
25. M. Heidegger, *Das Ge-Stell*, en *Bremer und Freiburger Vorträge* (GA 79), Vittorio Klostermann, Fráncfort M., ²2005.

Al hacerse añicos, cada uno de los trozos en los que la cosa se parte es, en este sentido, una «pieza de repuesto», reemplazable por cualquier otra equivalente. Esto significa que cuanto más se reproduce la cosa tanto menos existe como tal, más allá de ser «algo que perder» o material de desecho. Pero Heidegger añade otra consideración que, una vez más, afecta al vínculo antinómico entre cosa y persona. El destino de una se refracta en el de la otra. La subordinación de la cosa al ciclo de reproducción no es esencialmente diferente del de los propios seres humanos, que, creyendo gobernarlo, son en realidad gobernados por él. Los seres humanos son también a su manera «partes de la reserva permanente», siempre reemplazables por otros. Ciertamente, pertenecen a la maquinaria en un sentido distinto al de las máquinas, pero siguen atrapados en su engranaje, independientemente de que hayan contribuido a su construcción o de que sean sus simples usuarios. Aun hallándose uno lejos de la maquinaria, como en el caso del guardabosques que camina por el mismo sendero que sus antepasados: también él, lo sepa o no, es absorbido por el mismo mecanismo donde acaban siendo almacenadas las reservas de celulosa para periódicos y revistas. O como le ocurre a «cualquier oyente de la radio que pulse el interruptor, segregado como un trozo de esa reserva en la cual continúa confinado. Aun cuando todavía piensa que es completamente libre de encender o apagar el aparato a su voluntad»[26]. Justo cuando la persona imagina que tiene un control total sobre la cosa —reducida ahora a una pieza infinitamente reproducible y reemplazable— ingresa inconscientemente en su misma condición.

DAS DING

Puede parecer paradójico afirmar que la cosa se ve amenazada por un exceso de realidad. Diversos pensadores han observado que, tras el irreal delirio del periodo posmoderno, el péndulo del pensamiento se desplaza ahora hacia un nuevo realismo[27]. Alain Badiou

26. *Ibid.*, pp. 61-62.
27. Desde perspectivas divergentes, véase M. Ferraris, *Manifiesto del nuevo realismo*, Biblioteca Nueva, Madrid, 2013, y G. Vattimo, *Della realtà*, Garzanti, Milán, 2012. Véase también L. Taddio, *Verso un nuovo realismo*, Jouvence, Milán, 2013.

argumentó anteriormente, aunque con diferente intención, que el último siglo se había caracterizado por su pasión por lo real[28]. Enmarañada durante largo tiempo en una red simbólica, la cosa misma empieza ahora a hacerse visible en su desnudez absoluta. Pero ¿cuál es el efecto de nuestro encuentro con ella? ¿Qué tiene que decirnos una cosa que ha sido despojada y privada de toda resonancia simbólica, aferrándose a sí misma en todo momento de camino al precipicio?

En primer lugar, nos corresponde preguntarnos si, y hasta qué punto, esta acuciante demanda de realidad contrasta con el nihilismo que la precedió. Para Jean Baudrillard, por ejemplo, el hiperrealismo contemporáneo es la continuación y el contraefecto de un proceso idéntico de desrealización. En su origen se halla la transferencia de la cosa —tratada anteriormente— desde su fase natural de valor de uso a la fase comercial de valor de cambio. Pero a esta primera mutación, cuyas consecuencias reificantes fueron analizadas por Marx, le siguió una segunda aún más drástica, que absorbió la cosa en el mundo fantasmal de los simulacros[29]. Con ella desapareció cualquier asociación con un referente objetivo. Una vez conseguida la equivalencia universal, los signos eran intercambiados entre sí sin referencia a nada más. Con la desaparición de la finalidad de las acciones, los opuestos acabaron por superponerse. La dialéctica marxista entre valor de uso y valor de cambio, igual que la dialéctica entre fuerzas y relaciones de producción, fue neutralizada por una ausencia generalizada de diferenciación. Incuso el dinero, que hasta cierto punto aún estaba vinculado al patrón oro, ha entrado en la arena de la especulación financiera y no se refiere a nada fuera de su propia circulación ilimitada. Es como si cada cosa se duplicara en una copia tan idéntica al original que se fusionara con este. En la infinita serie en que se multiplican los objetos, estos se convierten en simulacros los unos de los otros y, por tanto, de sí mismos.

Sin embargo, la duplicación de la cosa en su simulacro exhibe un carácter que en sí mismo es ambivalente, expresando tanto intensificación como vaciamiento. Vaciada de efectividad simbólica,

---

28. Véase A. Badiou, *El siglo*, trad. de H. Pons, Manantial, Buenos Aires, 2005.
29. Véase M. Perniola, *La società dei simulacri*, Cappelli, Bolonia, 1980.

la cosa es plegada sobre sí misma y duplicada. Mientras que el realismo aún se refiere a un referente objetivo y el surrealismo somete lo real a la prueba de la imaginación, el hiperrealismo elimina incluso esta última distinción, haciendo de lo uno la expresión de lo otro. El resultado es una especie de alucinación que hace de cada cosa una copia de su propia copia. Lo real, en este caso, es lo que da lugar a una reproducción perfecta. Es la realidad pasada por el tamiz de la realidad, privada de todo reflejo, cerrada en sí misma: «Las cosas siguen funcionando cuando su idea lleva mucho tiempo desaparecida. Siguen funcionando con una indiferencia total hacia su propio contenido»[30]. Algo en esta desimbolización de las cosas se corresponde, al otro lado del espejo, con el destino reificante de las personas. Separadas de ellas, las cosas se dividen aun dentro de sí mismas: «Una cosa que pierde su idea es como el hombre que ha perdido su sombra; cae en un delirio en el que se pierde»[31]. Esta es la consecuencia de la saturación negativa: una extenuación por exceso. En una especie de excrecencia infinita, en la que los gestos y los eventos se acumulan sin razón alguna, las cosas son aniquiladas por su propia proliferación.

En la «realidad integral», que coincide hasta el último detalle con la realidad virtual, verdad y apariencia se superponen en perfecta correspondencia. Aplanadas hasta su solo contenido, privadas de cualquier referencia a otras cosas, las cosas se dan caza unas a otras en una superficie carente de profundidad: «Una vez hecha desaparecer toda trascendencia, las cosas no son más que lo que son y, tal como son, son insoportables. Han perdido toda ilusión y se han vuelto inmediata y completamente reales, carentes de sombra y de comentario»[32].

Habiendo alcanzado su masa crítica, la realidad corre el riesgo de autodestruirse. Desde este punto de vista, uno bien podría decir que es el exceso de lo real, su intensificación hiperreal, lo que precisamente sustrae al mundo de su principio de realidad. Es como si, ante el vacío de significado, cada metáfora se volviera real, perdiéndose así como tal. Lo que queda en la correspondencia alucinóge-

30. J. Baudrillard, *La transparencia del mal*, Barcelona, Anagrama, 1995, p 12.
31. *Ibid.*, p. 13.
32. J. Baudrillard, *El pacto de la lucidez o la inteligencia del Mal*, Amorrortu, Buenos Aires, 2008, p. 20.

na entre significante y significado es una realidad muda, apartada de la comunicación y encerrada en sus propios confines.

Así es como Lacan define la Cosa: *das Ding*, diferenciándola de *die Sache*. Aunque ambos términos se refieren a procedimientos jurídicos, a la práctica judicial o al debate que la introduce, su significado difiere grandemente. Mientras que *die Sache* es el producto de la acción humana que siempre puede ser expresada y vinculada a un caso al que permanece esencialmente ligada, «*das Ding* se sitúa en otra parte»[33]. En varias ocasiones insiste Lacan en su absoluta heterogeneidad. Introducido por Freud, especialmente en su ensayo sobre la negación, *das Ding* se refiere a una alteridad irreducible: «Hay en *das Ding* otra cosa»[34]. Es como si Lacan vacilara a la hora de hablar de ello, situándolo en un área inaccesible a la palabra: «En *das Ding* se encuentra el verdadero secreto»[35]. Con esto no quiere decir que sea inalcanzable por su lejanía. Al contrario, es lo que se halla más cerca de nosotros; o, mejor dicho, aquello que se halla dentro de nosotros y habita en nuestro interior, pero como algo completamente extraño. En *das Ding*, proximidad y distancia, identidad y división, intimidad y alienación se superponen: donde el concepto de lo «ajeno» debe ser aliado con el de lo «hostil», como aquello que nos amenaza desde el interior. Aunque completamente interno al sujeto, *das Ding* es su Otro absoluto.

Mientras que Freud lo sitúa más allá del principio de placer, donde la pulsión de vida se entrelaza con la pulsión de muerte, Lacan lo inscribe en la esfera del goce, o *jouissance*, que es distinta y opuesta a la del deseo: «Pues el deseo viene del Otro, y el goce está del lado de la Cosa»[36]. Este es otro enfoque, mucho más inquietante, de la pasión de lo real que hechizó al siglo pasado. Desde esta perspectiva, la Cosa aparece ante nosotros en toda su amenazadora presencia. Rota la membrana que la volvía inalcanzable para el deseo, el imperativo de la *jouissance* nos acerca al corazón de la Cosa, a su núcleo brillante. Ya sin la cobertura de las barreras protectoras que nos cobijaban de sus rayos ardientes, aparece ante

---

33. J. Lacan, *El seminario. 7. La ética del psicoanálisis (1959-1960)*, Paidós, Buenos Aires, [8]2003, p. 60.
34. *Ibid*.
35. *Ibid*.
36. J. Lacan, *Escritos* II, Siglo XXI, México, 2003, p. 832.

nosotros en toda su repugnante y violenta proximidad. Cuando el velo que lo cubre —la red simbólica que agrega la experiencia humana en la conexión de las relaciones sociales— es apartado, se revela el aterrador aspecto de lo Real. Es todo lo que queda de la realidad una vez privada de su soporte fantasmal. Cuando esto sucede, la Cosa, libre de las limitaciones impuestas por la prórroga infinita del deseo, se vuelve algo directamente presente a nosotros. Esta de-sublimación del objeto causa un colapso del espacio simbólico, promoviendo una relación inmediata con el Otro. Intentando así en vano apropiarnos la cosa, nos vemos atrapados en una forma que a la vez nos repugna y nos aterroriza[37].

Slavoj Žižek nos recuerda la última escena de la película *Matrix*, en la que el protagonista —que ha regresado a un paisaje devastado por la guerra planetaria— es aceptado por el líder de la resistencia, Morfeo, con el siguiente comentario irónico: «Bienvenido al desierto de lo real»[38]. Desprovisto de cualquier significado ulterior, aplastado en su propia inmanencia, lo real nos muestra su rostro mortal. Se mantiene siempre un paso por delante de lo que somos capaces de soportar (como *Sade*, el «insoportable» film de Pier Paolo Pasolini). Entre lo que solo es real —es decir, mediado socialmente— y lo Real, entendido en su aspecto excesivo, existe la misma distancia que separa el tatuaje de los cortes que se infligen individuos con conductas autolesivas, o la que separa el llamado porno *snuff*, en el que los actores sufren torturas reales, de las películas eróticas normales. En este ir más allá se dan a la vez una realización y una inversión del significado. Cuando la realidad es integral, duplicándose a sí misma en la hiperrealidad, revela un destello de su espectacular rostro virtual.

La explosión de las Torres Gemelas, a menudo interpretada como el retorno de lo real a un mundo de ilusiones, trajo de vuelta estos dos espacios inextricablemente entrelazados. La violencia

37. Véase M. Recalcati, *Sull'odio*, Mondadori, Milán, 2004, p. 351, y más generalmente su densa monografía sobre Lacan, *Jacques Lacan. Desiderio, godimento, soggettivazione*, vol. I, R. Cortina, Milán, 2012. Sobre la diferencia entre la realidad y lo Real, véase también M. Recalcati, «Il sonno de la realtà e il trauma del reale», en M. De Caro y M. Ferraris (eds.), *Bentornata realtà*, Einaudi, Turín, 2012, pp. 191-206.

38. Véase S. Žižek, *Bienvenidos al desierto de lo real*, Akal, Tres Cantos, 2005.

sin precedentes de este trágico acontecimiento puede verse como lo Real impulsado más allá de sí mismo. Repetida hasta la extenuación en las pantallas de televisión, la escena puede contemplarse como lo que nos lleva al «desierto de lo real» y, al mismo tiempo, como una producción televisiva, la última y más impresionante película de Hollywood. Así pues, a comienzos del nuevo siglo se completó la reversibilidad: lo mismo que la tendencia posmoderna revirtió en cierto punto a un nuevo realismo, este último adquiere ahora nuevos «efectos especiales». En el momento en que lo virtual se tornó rígido hasta convertirse en lo real, lo real se volvió virtual. El motivo por el que algunos vieron en el ataque a las Torres Gemelas la culminación del arte contemporáneo no es tan difícil de entender: fue un acontecimiento espectacular que sobrepasó tanto la realidad como la apariencia en su indiscernible cualidad indistinguible. Muy probablemente, es nuestra incapacidad para soportar el encuentro directo con la Cosa lo que la transmuta en una pesadilla, en una horrible mezcolanza de sueño y realidad. Lo que se define como el «regreso de lo real» oculta en su interior este devastador torbellino. La cosa nos es arrebatada por el mismo movimiento que la acerca a nosotros.

3

CUERPOS

EL ESTATUS DEL CUERPO

Podría parecer extraña la exclusión del cuerpo humano del horizonte jurídico durante tanto tiempo. Objeto de permanente disputa entre los distintos poderes que reclamaban su propiedad —el Estado, la Iglesia, el individuo—, el cuerpo nunca disfrutó de una definición jurídica adecuada. Introducido por los antiguos textos legales ingleses a través de la fórmula del *habeas corpus* en los albores de la Modernidad, el cuerpo desaparece posteriormente de las codificaciones civiles europeas, construidas alrededor de un marco abstracto de sujetos incorpóreos. Mencionado solo en relación a los momentos primero y último del nacimiento y la muerte, el cuerpo era visto como algo dado de forma natural que no requería una atención jurídica especial. Esta exclusión era la inevitable consecuencia de la gran división que organizaba nuestra forma de pensar. Puesto que el cuerpo humano no encaja naturalmente en las categorías de persona o cosa, fue omitido como sujeto jurídico y dejado a su suerte para oscilar entre una y otra. En realidad, en línea con la tradición romana, la tendencia dominante hasta hace algunas décadas era asimilar el cuerpo al concepto de persona. Basándose en la muy conocida formulación de Ulpiano, según la cual al cuerpo de un hombre libre jamás se le puede asignar un valor económico, se ha evitado siempre cualquier aproximación a la cosa. En consecuencia, al no existir estaciones intermedias entre cosa y persona, la única opción fue colocar el cuerpo en la órbita de la persona. Aun siendo consciente de todas las contradicciones concomitantes, fue Kant el que llegó a la conclusión más clara: «El hombre no puede disponer de sí mismo, porque no es una cosa. El hombre no es una propiedad de sí mismo. Esto supondría una contradicción. Pues solo en cuanto persona es un sujeto susceptible de poseer cosas»[1].

Esta proposición es la base del artículo 1128 del código civil francés, que excluye el cuerpo de las cosas intercambiables a través del comercio. También sirve como base para la Carta de Derechos Fundamentales de la Unión Europea (art. 3.2), que prohíbe «que el cuerpo humano o partes del mismo en cuanto tales se conviertan en objeto de lucro»[2].

Pero, paradójicamente, precisamente al declarar la condición de «persona» del cuerpo, estas prohibiciones han tenido el efecto involuntario de devolverlo al estatus de *res*, aunque *extra commercium* (fuera del comercio). En realidad, sostener que algo no es objeto de comercio no quiere decir excluirlo del régimen de las cosas. Una dificultad aún mayor aparece cuando el cuerpo es situado en el tiempo y el espacio en lugar de ser considerado en abstracto. En términos temporales se considera que «la muerte hace entrar al cuerpo en la categoría de las cosas»[3]. En este sentido recuerda Pierre Legendre el caso de san Espiridión, obispo de Chipre en el siglo IV. El cuerpo momificado del santo fue trasladado a Corfú, como parte de su patrimonio privado, por una familia chipriota que huía de los turcos, convirtiéndose finalmente en la dote de las hijas de la familia. Lo que el cuerpo humano es antes del nacimiento, cuando aún es un embrión, genera el mismo tipo de ambigüedad. ¿En qué punto puede empezar a ser considerado una persona? ¿Cuándo deja de serlo y se convierte en una cosa? ¿Debería el robo de un cadáver o de un embrión ser considerado un secuestro, como si implicara a una persona, o debería ser tratado como un robo, como si implicara a una cosa?

La cuestión resulta aún más difícil de contestar cuando consideramos el cuerpo en términos de sus partes individuales —sus pro-

---

1. I. Kant, *Lecciones de ética*, Crítica, Barcelona, 1988, p. 205.
2. Véase S. Rodotà, *La vida y las reglas. Entre el derecho y el no derecho*, Trotta/Fundación Alfonso Martín Escudero, Madrid, 2010, cap. 1 «El cuerpo», pp. 93-118.
3. P. Legendre, *L'inestimable objet de la transmission*, Fayard, París, 1985, p. 28 [*El inestimable objeto de la transmisión*, Siglo XXI, México DF, 1996].

ductos o sus órganos— en lugar de como un todo[4]. En general, una vez es extirpada una parte, esta es tratada como una cosa. Sin embargo, esta elección no está libre de efectos adversos, al menos por lo que respecta a ciertos órganos. La pregunta no se plantea en relación con los dientes, las uñas o el pelo, una vez extraídos o cortados, porque son fácilmente interpretables como pertenecientes a la categoría de *res nullius*. Sin embargo, el caso de la sangre es, por su importancia simbólica, más complejo. Aunque no se considera reducible a una cosa, la sangre se comercializa a menudo para realizar transfusiones. Existe aún mayor indecisión jurídica en el caso de una vesícula biliar extirpada a un paciente y usada a causa de sus propiedades terapéuticas en la fabricación de un medicamento. ¿A quién pertenece: al hombre, al hospital, a la compañía farmacéutica? En un caso como este, la falta de denominación como cosa de la parte del cuerpo en cuestión acaba impidiendo que obtenga una definición jurídica estable. Por otro lado, el argumento según el cual la naturaleza de un órgano corporal cambia una vez separado del cuerpo (o incluso la del cuerpo entero tras la muerte), provocando su paso del régimen de la persona al de la cosa, sigue siendo poco convincente. Si un cuerpo o una de sus partes ha sido alguna vez una persona, seguirá siéndolo bajo cualquier circunstancia; y si, en cambio, en algún momento se ha convertido en una cosa, entonces lo ha sido desde el principio[5].

Independientemente del ángulo desde el que abordemos la cuestión, seguimos enmarañados en una serie de paradojas que nos impiden alcanzar una solución. La idea de que el cuerpo puede ser reducido a una cosa se opone a nuestra sensibilidad, pero la idea de que el cuerpo es siempre equivalente a la persona es contraria a la lógica. La imposibilidad de resolver el problema surge, obviamente, de una terminología jurídica que todavía se basa en la vieja distinción entre personas y cosas —distinción que no se sostiene ya ante la extraordinaria transformación que estamos experimentando—. La manera en que el cuerpo humano se proyecta en ambas categorías atestigua la deficiencia conceptual de estas. No solo es

4. En este sentido, véase J.-P. Baud, *L'affaire de la main volée. Une histoire juridique du corps*, Seuil, París, 1993.
5. Una útil redefinición de la cuestión se halla en G. Cricenti, *I diritti sul corpo*, Jovene, Nápoles, 2008.

imposible clasificar el cuerpo como una cosa o una persona, sino que los constantes nuevos retos que el cuerpo humano plantea al derecho evidencian la urgente necesidad de una nueva formulación. En realidad, a lo largo de las últimas décadas, la jurisprudencia ha ido abriendo gradualmente las puertas a la vida que durante tanto tiempo había mantenido fuera de sus fronteras. Por ejemplo, desde mediados de los años noventa, las leyes que regulaban las transfusiones de sangre —la cual resultó ser inclasificable como persona tanto como cosa— introdujeron el *bios* en el espacio regulado de la ley. La legislación subsiguiente sobre la extirpación quirúrgica de órganos para trasplantes de los cadáveres de pacientes que en vida no habían declarado su rechazo a tal práctica, rompió la relación exclusiva del cuerpo con el individuo, haciendo del cuerpo una especie de bien colectivo. La propuesta, adoptada en 1998 por la Asamblea General de las Naciones Unidas, de calificar el genoma humano de «herencia común de la humanidad» hizo avanzar aún más este proceso. Sin embargo, el desarrollo crucial vino del rápido desarrollo de la biotecnología. La práctica cada vez más extendida de los trasplantes ha hecho imposible la identificación entre cuerpo y persona. Sin obviar los flujos comerciales que se dan en el intercambio de órganos humanos, la línea general de razonamiento que se ha establecido apunta en la dirección de la circulación social del cuerpo fuera del mercado de las cosas, pero también más allá de los límites de la persona[6].

Este cambio no debe ser interpretado como una revocación de lo que diversas facciones han proclamado como «la santidad de la vida». Puede ser visto, en cambio, como una transferencia del cuerpo desde la esfera de lo propio a la de lo común, causada por la transformación de ambos términos. El hecho de que el concepto de vida haya sido redefinido radicalmente con el descubrimiento del genoma es harto evidente. Pero un cambio similar ha afectado también a la noción de santidad. De hecho, en el antiguo derecho romano, las cosas sagradas (*res sacrae*) estaban ligadas a las cosas que eran comunes para todo el mundo (*res communes*). Aunque disfrutaban de un estatus diferente, compartían la condición de cosas que no eran propiedad de uno (*extra patrimonium*) y que se hallaban fuera

---

6. Véase C. Crignon-De Oliveira y M. Gaille-Nikodimov, *À qui appartient le corps humain*, Les Belles Lettres, París, 2008, pp. 99 ss.

del comercio (*extra commercium*). En las *Instituciones* de Gayo, a la primera distinción entre cosas que «forman o no parte de nuestra propiedad» le sigue la distinción entre cosas sujetas al derecho divino (*res divini iuris*) y cosas sujetas al derecho humano (*res humani iuris*). Estas últimas son a su vez subdivididas en públicas (*publicae*) y privadas (*privatae*). Siguiendo un procedimiento típico del derecho romano, cada categoría se separa a continuación en ramificaciones adicionales. De este modo, las *res publicae* no coinciden con las *res communes*. Mientras que las cosas comunes, como el aire o el agua, no pertenecen a nadie, las cosas públicas, como los teatros o los mercados, son copropiedad de los ciudadanos. A su vez, las *res divini iuris* se dividen en *sacrae*, consagradas al culto; *religiosae*, incluyendo tumbas, cadáveres y cenizas, y *sanctae*, como las murallas y las puertas de la ciudad. Sin embargo, a pesar de sus diferencias, todas las cosas divinas comparten con las cosas públicas la característica de no ser apropiables por parte de los individuos. Esto es así hasta el punto de que, en las épocas republicana e imperial, las cosas públicas y las cosas sagradas ocupaban una esfera jurídica homogénea: estaban sujetas al mismo régimen penal, fiscal y administrativo, lo cual significaba que estaban protegidas por las mismas prohibiciones. La razón de esto no es que lo que una vez fue público se considerara ahora sagrado; sino más bien el hecho de que lo sagrado, al no poder considerarse privado, era percibido como público.

Algo parecido puede decirse del cuerpo humano, de forma comparable a la dimensión de las *res sacrae*[7]. Dado que el cuerpo no coincide con la máscara de la persona, pero aun así no puede ser reducido a la apropiabilidad de la cosa, entra en el tercer *genus* formado por las *res sacrae*. Sin pertenecer ni al Estado ni a la Iglesia, ni tampoco exclusivamente a la persona que habita en su interior, el cuerpo debe su inviolabilidad al hecho de que es eminentemente común. Esto no es así solo en el sentido obvio de que todo el mundo tiene un cuerpo, sino también en el sentido más potente de que el cuerpo humano es patrimonio del conjunto de la humanidad. El cuerpo no es una cosa para ser explotada o consumida, pero tampoco es, en sentido estricto, una persona jurídica. Como Simone

---

7. Sobre lo sagrado en relación con el derecho romano, véase L. Garofalo, *Biopolitica e diritto romano*, Jovene, Nápoles, 2009; véase también Íd. (ed.), *Sacertà e repressione criminale in Roma arcaica*, Jovene, Nápoles, 2013.

Weil apuntó en el ensayo anteriormente citado, lo que es sagrado en el cuerpo humano no es su meollo personal, sino, al contrario, su núcleo impersonal: «Lo que es sagrado, lejos de ser la persona, es lo que en un ser humano es impersonal»[8]. En contra de todas las defensas de la personalidad, que en esa época estaban llegando a su apogeo, Weil reivindicó lo que yace más allá pero también antes de la personalidad. El hecho de que se refiriera específicamente al cuerpo, tomado en su absoluta inviolabilidad, se hace explícito a través de un brillante ejemplo que nos ofrece un poco antes: «Ahí va un transeúnte por la calle, tiene los brazos largos, los ojos azules, un espíritu por el que pasan pensamientos que ignoro, pero que quizá sean mediocres. [...] Si la persona humana fuera en él lo que hay de sagrado para mí, podría fácilmente sacarle los ojos. Una vez ciego, sería una persona humana exactamente igual que antes. No habría tocado en absoluto la persona humana en él. Solo habría destrozado sus ojos»[9].

EL PODER DEL CUERPO

Mientras que el derecho tiende a omitir el cuerpo, la filosofía lo incluye en su marco, pero lo hace en la forma de la subordinación del cuerpo. Sin repetir el gesto exclusivista de la metafísica platónica, pero sin abandonarlo por completo, el pensamiento moderno sitúa el cuerpo bajo la rúbrica del *objeto*. El cuerpo es lo que el sujeto reconoce dentro de sí mismo como diferente de sí mismo. Para ser capaz de lidiar con el cuerpo el sujeto debe separarse de él y mantenerlo a distancia. La postura de Descartes a este respecto es ejemplar. En efecto, toda su filosofía puede ser vista como una serie de reflexiones sobre el cuerpo, pero siempre desde un punto de vista exterior al cuerpo, que es definido precisamente por esta exterioridad. Hablar de «dualismo» en el pensamiento de Descartes corre el riesgo de perpetuar un estereotipo interpretativo. Sin embargo, incluso si tenemos presente en todo momento la relación entre cuerpo y mente, el predominio de la separación en detrimento de la unidad sigue siendo irrefutable. Tal y como expli-

8. S. Weil, «La persona y lo sagrado», en *Escritos de Londres y últimas cartas*, Trotta, Madrid, 2000, p. 20.
9. *Ibid.*, p. 17.

ca en uno de los pasajes más famosos de su *Discurso del método*, «este yo, es decir, el alma por la cual soy lo que soy, es enteramente distinta del cuerpo y hasta es más fácil de conocer que él, y aunque el cuerpo no fuese, el alma no dejaría de ser cuanto es»[10]. Plantear la inexistencia del cuerpo como un *argumentum ad absurdum* no atenúa la relación negativa que se establece entre las dos sustancias. La relación entre la *res cogitans* y la *res extensa* es una división insuperable. No solo la mente no es coextensiva al cuerpo, sino que, para reconocerse en su propio principio esencial, aquella debe hacerse autónoma respecto de este. En el momento en que el conocimiento se cuestiona su propia legitimidad, toda su existencia parece contraerse en el punto de una conciencia incorpórea. Su expresión privilegiada —porque no hay nada mejor para reducir las cosas a un conjunto ideal de características que desbaraten su realidad— es la matemática. El conocimiento matemático, la auténtica ciencia del alma, atestigua la primacía absoluta de la razón sobre el cuerpo: pues si este último es siempre divisible y particular, la primera es indivisible y universal. Si el cuerpo es una máquina, la razón es el centro de mando que controla su funcionamiento desde el exterior. Existe una diferencia jerárquica infinita entre las dos sustancias de las que se componen los seres humanos.

Sin embargo, este paradigma, claramente predominante en el pensamiento moderno, no es el único que lo caracteriza. Otro paradigma menos continuo y consistente acompaña de forma yuxtapuesta al primero y es reconocible específicamente por la inversión en las relaciones de poder entre mente y cuerpo[11]. Se origina en el pensamiento de Spinoza. El paso que completó desde la sustancia doble de Descartes hasta los dos modos (pensante y extensa) de una única sustancia abrió un camino inexplorado. Para Spinoza, una mente privada de un cuerpo es inconcebible; en efecto, el cuerpo es el único objeto de la mente: «El objeto de la idea que constituye el alma humana es el cuerpo, o sea, cierto modo de la extensión que existe en acto, y no otra cosa»[12]. El conocimiento que para

10. R. Descartes, *Discurso del método*, Alianza, Madrid, ⁵1982, p. 94.
11. Para una genealogía filosófica del cuerpo, véase U. Galimberti, *Il corpo*, Feltrinelli, Milán, 1983; M. Marzano, *Philosophie du corps*, PUF, París, 2007.
12. B. Spinoza, *Ética demostrada según el orden geométrico*, Trotta, Madrid, ³2009, p. 87 (parte II, prop. 13).

Descartes se hacía posible a través de la separación entre mente y cuerpo depende ahora de su unidad irrefutable. El uno causa la expansión o contracción de la otra. Entre los dos, podría decirse que es precisamente la perspectiva del cuerpo la que se refracta de forma productiva a través del funcionamiento de la mente: «Aquello que dispone al cuerpo humano de suerte que pueda ser afectado de muchos modos o lo hace apto para afectar de muchos modos a los cuerpos exteriores» hace al alma más apta para percibir[13]. La perspectiva cartesiana de un cuerpo cerrado a la inteligencia del mundo es reemplazada por la convicción de que la mente solo puede obtener un conocimiento adecuado de las cosas a través del cuerpo. La corporalidad, para Spinoza, es el origen del conocimiento, el vehículo de la experiencia, la fuente del ansia de saber. Spinoza continúa: «Nadie, en efecto, ha determinado por ahora qué puede el cuerpo [...] lo cual muestra bastante bien que el mismo cuerpo, por las solas leyes de su naturaleza, puede muchas cosas que su alma admira»[14].

Más que una simple máquina, como sostenían Hobbes y Descartes, el cuerpo es un tejido de nexos simbólicos; solo a través de ellos adquiere la realidad consistencia. El cuerpo habilita para nosotros la posibilidad de comprender las cosas no de forma aislada, sino como parte de un todo complejo del cual obtienen su significado. Sujeto y objeto de pensamiento, separados rígidamente por Descartes, encajan en el mismo bloque de significado, que surge precisamente de la conexión entre ambos. De la misma forma que no existen cosas más allá de la conciencia que las comprende, tampoco existe una conciencia previa a la relación constituyente con el mundo. Lo que se halla al inicio y al final del proceso no es la iluminación de un sujeto de conocimiento, sino el infinito poder de la vida.

De manera sorprendente, Spinoza deconstruye el dispositivo de exclusión de la persona hasta sus cimientos. Esto se aplica tanto a la sustancia divina, idéntica al orden impersonal de lo real, como a la sustancia humana, rescatada de la separación del sujeto cartesiano y reconstruida en su plenitud ontológica. En contraste con la soledad de un *cogito* concentrado en torno a su propio principio interno, el conocimiento del cuerpo se revela como un instrumento

---

13. *Ibid.*, p. 210 (parte IV, prop. 38 y demostración).
14. *Ibid.*, p. 129 (parte III, prop. 2, escolio).

de conexión, un medio para la sociabilidad y un poder de agregación: «El cuerpo humano necesita, para conservarse, muchísimos otros cuerpos...»[15]. Este enunciado ontológico tiene claras resonancias políticas. Los seres humanos florecen tan solo si combinan sus cuerpos en una entidad colectiva que puede ser llamada «multitud». Este es el punto donde el pensamiento moderno parece dividirse realmente en direcciones divergentes. Para Hobbes, la preservación de los seres humanos frente al riesgo de muerte violenta que los asedia se asegura a través de su separación; para Spinoza, en cambio, la preservación depende de la capacidad de entretejer relaciones: «Nada hay, pues, más útil para el hombre que el hombre; nada, digo, pueden los hombres desear más valioso para conservar su ser que el que todos concuerden en todo, de suerte que las almas y los cuerpos de todos formen como una sola alma y un solo cuerpo»[16].

Podríamos estar escuchando las palabras de Giambattista Vico, quien, situado en el otro polo del cuadrante filosófico moderno, también aborda la profunda conexión entre razón y cuerpo[17]. En su *Ciencia nueva*, más que en cualquier otro texto, lo que se halla en el origen del mundo no es el absoluto del sujeto, sino la mezcla de los cuerpos. Es de la presión que ejercen de donde se origina la historia, con todo lo que esto implica en términos de conocimiento y poder. Nada se pierde definitivamente en relación con ese comienzo, cuando las mentes de los hombres «estaban totalmente inmersas en los sentidos, rendidas a las pasiones, enterradas en los cuerpos»[18], como lo demuestra el hecho de que muchos nombres de objetos inanimados se derivan de las partes del cuerpo. Incluso desde un punto de visto lingüístico las cosas nacen de los cuerpos.

No cabe sobrevalorar la ruptura con el pensamiento moderno que resulta de estas páginas. En ellas es central el papel cambiante del cuerpo. La importancia relativa del cuerpo respecto a la conciencia se vio alterada, pero también lo fue la perspectiva desde la que se veía esta relación. El ojo de la mente fue reemplazado

15. *Ibid.*, p. 92 (parte II, post. 4).
16. *Ibid.*, p. 197 (parte IV, prop. 18, escolio).
17. Sobre la relación entre Spinoza y Vico en lo referente a la semántica del cuerpo, véase B. de Giovanni, «'Corpo' e 'ragione' in Spinoza e Vico», en B. de Giovanni, R. Esposito y G. Zarone, *Divenire della ragione moderna. Cartesio, Spinoza, Vico*, Liguori, Nápoles, 1981, pp. 94-165.
18. Véase G. B. Vico, *Principios de una ciencia nueva*, § 378.

—o flanqueado— por el del cuerpo. Vico narra como desde que comenzó la «contemplación del cielo con los ojos del cuerpo»[19], esta ha sido central para la historia de la humanidad. Esto ha seguido siendo cierto aun cuando parecía que la contemplación tomaba la dirección contraria, dirigiéndose hacia una creciente abstracción. Ciertamente, los humanos deben el desarrollo de la abstracción a la transición desde su estadio primitivo hasta el auge de la civilización. Pero a esto deben también las crisis que, periódicamente, los enredan, amenazando con arrebatarles todo lo conseguido hasta ese momento. La causa de esta reversión periódica se halla en un cambio en el equilibrio entre lo «común» y lo «propio», inclinando la balanza en favor de este último. Pero también apunta a la ruptura de la conexión entre cuerpo y razón establecida en el amanecer de la historia. El predominio de la razón sobre el cuerpo se desarrolla en paralelo al de lo propio sobre lo común, lo privado sobre lo público y el beneficio individual sobre el interés colectivo. Esto sucede cuando el impulso hacia la inmunidad prevalece sobre la pasión por la comunidad. Para protegerse a sí mismos, los seres humanos comprimen el poder del cuerpo en aparatos de control que los atan a los órdenes establecidos, instituidos en diversos momentos a lo largo de la historia. Sin embargo, al hacerlo, acaban perdiendo contacto con las fuentes de la vida. La única manera de redescubrirlas es reabrir los horizontes de la mente a la vitalidad del cuerpo.

Esta línea de razonamiento dio fruto con el trabajo de Nietzsche. Su deconstrucción radical de las categorías del pensamiento moderno coincidió con un pensamiento sobre y desde el cuerpo (en el sentido de que el cuerpo piensa porque también él tiene vida) destinado a inaugurar un nuevo lenguaje. A la pregunta sobre si la filosofía no ha sido más que un incesante «malentendido con relación al cuerpo»[20], Zaratustra responde que «hay más razón en tu cuerpo que en tu mejor sabiduría»[21]. En contra de los pensadores a los que define como detractores del cuerpo, Nietzsche realiza una relectura de toda la historia europea siguiendo «el hilo conductor del cuerpo». Esto se refiere principalmente al dominio del conocimiento, cuyo objetivo es el control de los instintos corpora-

---

19. *Ibid.*, § 391.
20. F. Nietzsche, *La gaya ciencia*, Prólogo, 2.
21. F. Nietzsche, *Así habló Zaratustra*, «De los despreciadores del cuerpo».

les a través de su disciplinamiento, pero también tiene que ver con el dominio del poder, descrito cada vez más en términos de dinámicas biopolíticas. Cuando observa que «la gran política quiere que la fisiología se convierta en ama y señora de todas las otras cuestiones»²², Nietzsche se refiere a la importancia crucial que asumen los cuerpos de los individuos y de las poblaciones en un mundo que ya no puede ser interpretado mediante las nociones modernas del Estado soberano y los derechos individuales. La política de los cuerpos, sobre los cuerpos y en los cuerpos es el único tipo de política que existe, no opuesta al espíritu, sino en un tejido que integra el cuerpo en el *bios* como una forma completa de vida.

Esta «voluntad de poder», una expresión de sobra conocida, no se refiere exclusivamente a la naturaleza vital de la política; también señala la naturaleza política de la vida. El cuerpo es un campo de batalla en el que las fuerzas de los seres humanos se enfrentan unas con otras en una lucha sin fin: lo que está en juego es la definición misma de lo que somos, pero también la de aquello que podemos llegar a ser. Todo el conjunto de protocolos que más tarde adquirieron el nombre de antropogenética —tan delicados como decisivos— hunden sus raíces explícitamente en el pensamiento de Nietzsche. Cuando este se pregunta «por qué no vamos a ser capaces de realizar con el hombre lo que los chinos saben hacer con un árbol — que dé por un lado rosas, por el otro peras»²³, no hay que subestimar los peligros potenciales contenidos en estas declaraciones. Pero tampoco debe pasarse por alto la novedad que ofrecen en comparación con una tradición humanista agotada. Aunque Heidegger argumentaría, a mediados del siglo XX, que el hombre se halla más cerca de Dios que de los animales, ya que solo él es «formador de mundo» en contraste con el animal, que es «pobre de mundo», y con la piedra, que es «sin mundo»²⁴, Nietzsche, anticipado por Darwin, reconectó la historia humana con la esfera de la naturaleza. Los seres huma-

22. F. Nietzsche, *Fragmentos póstumos*, vol. IV (1885-1889), Tecnos, Madrid, 2006, p. 774.
23. F. Nietzsche, *Fragmentos póstumos* vol. II (1875-1882), Tecnos, Madrid, 2008, p. 819.
24. M. Heidegger, *Los conceptos fundamentales de la metafísica*, Alianza, Madrid, 2007, pp. 247-249 (§ 47).

nos están dotados de forma innata con la capacidad de abrir un rango de posibles variaciones, destinadas a su vez a incidir retroactivamente en nuestra composición genética: el animal humano está programado para cambiar continuamente su propia programación. Desde este punto de vista, la tecnología no se opone necesariamente a la naturaleza; de hecho, por lo que respecta a nuestra especie, la tecnología es el fruto de nuestra naturaleza. Cada movimiento de nuestro cuerpo y cada sonido de nuestra voz son tecnológicos. Como se ha dicho[25], la naturaleza humana muestra una tecnicidad original que somos libres de adoptar y que incluso estamos llamados a desarrollar.

EXISTIR EL CUERPO

La razón por la cual el cuerpo queda fuera de la gran división entre cosas y personas se halla en el hecho de que no puede ser adscrito ni a unas ni a otras. Como escribe Merleau-Ponty, «hay dos sentidos, y solamente dos, del vocablo existir: se existe como cosa o se existe como consciencia. La experiencia del propio cuerpo nos revela, por el contrario, un modo de existencia más ambiguo»[26]. La importancia filosófica del cuerpo reside precisamente en su capacidad para estirar el orden binario de la tradición cartesiana dirigiendo la atención a una entidad que no puede ser reducida a las categorías de sujeto y objeto. Aunque es objetivado regularmente por las actitudes científicas, el cuerpo sobresale por fuera de la dimensión del objeto, una observación ratificada por toda la tradición fenomenológica. Para Husserl, por ejemplo, mi cuerpo es «el único que no es mero cuerpo físico, sino precisamente cuerpo vivo»[27]; para Sartre, su significado «se ve a menudo oscurecido por el hecho de que se comience por considerar el cuerpo como una

25. Véase, en particular, B. Stiegler, *La técnica y el tiempo*, vol. 3, *El tiempo del cine y la cuestión del malestar*, Hiru, Hondarribia, 2004; y R. Esposito, «Política y naturaleza humana», en *Comunidad, inmunidad, biopolítica*, Herder, Barcelona, 2009, pp. 155-171.

26. M. Merleau-Ponty, *Fenomenología de la percepción*, Planeta-Agostini, Barcelona, 1983, p. 215.

27. E. Husserl, *Meditaciones cartesianas*, FCE, Madrid, 1985, p. 157 («Meditación Quinta», § 44).

cosa»[28]; mientras que, para Gabriel Marcel, «es evidente que mi cuerpo, en ese preciso sentido, soy yo mismo, pues no puedo distinguirme de él más que a condición de convertirlo en objeto»[29].

Ciertamente, puedo considerar mis ojos o mis manos como un fragmento de materia, incluyéndolos de esta forma en el espacio de los objetos externos, pero algo se escapa y se rebela en contra de esta tentativa. Entre los dos planos existe una diferencia imborrable: aunque el objeto desaparece de mi campo de visión tan pronto como dirijo mi mirada hacia otro sitio, no puedo dejar de percibir mi cuerpo. Está ahí, no delante de mí, sino conmigo, fuertemente atado a mi conciencia en un lazo inquebrantable. Mi cuerpo no es lo que tengo, sino lo que soy. Deberíamos convertir «existir» en un verbo transitivo, como sugiere Sartre, para poder decir «existo mi cuerpo: esta es la primera dimensión de su ser»[30]. En juego se halla una posición diferente en el espacio: en lugar de estar situado en el espacio como otros objetos, el cuerpo es el horizonte perceptivo dentro del cual se encuentran los objetos. Mientras que puedo ser capaz de alternar el ángulo de visión desde el cual observo un objeto externo, no podemos decir lo mismo de mi cuerpo. No puedo ver todas sus partes, si no es en un espejo; ni puedo caminar a su alrededor. Para hacer esto, tendría que ir fuera de mí mismo a través de un segundo cuerpo, que fuera independiente del primero y se enfrentara a él desde fuera. Sin embargo, esto me convertiría en algo diferente de lo que soy. Por mucho que intente aprehenderlo desde el exterior, antes de que lo haga, mi cuerpo me agarra de nuevo, porque su existencia es la precondición de cada acción que llevo a cabo. Por mucho que intente yo olvidarlo, mi cuerpo sigue ahí donde estaba. Y en efecto, «es de una permanencia absoluta que sirve de fondo a la permanencia relativa de los objetos eclipsables, los verdaderos objetos»[31].

Esto significa que el cuerpo vivo no pertenece al reino material de los objetos, pero también que es la condición trascendental de su existencia. Si yo hiciera de mi punto de vista una perspectiva entre otras, todo el mundo que me rodea sería repentinamente excluido.

28. J.-P. Sartre, *El ser y la nada*, Alianza, Madrid, 1989, p. 330.
29. G. Marcel, *Ser y tener*, Caparrós, Madrid, 1996, p. 23.
30. J.-P. Sartre, *El ser y la nada*, cit., p. 377.
31. M. Merleau-Ponty, *Fenomenología de la percepción*, cit., p. 110.

Percibimos el objeto solo porque se halla «situado a la punta de nuestros dedos o de nuestras miradas»[32], tocado, sentido, estimulado por las extremidades de nuestros cuerpos: «La mirada, decíamos, envuelve, palpa, abraza las cosas visibles [...] de manera que, finalmente, no puede decirse quién está al mando, si las cosas o ella»[33]. El cuerpo es lo que hace del objeto una cosa. Para no ser tal cosa, una cosa entre las cosas, el objeto debe manifestarse a los órganos sensoriales como algo presente. Pero debe también desaparecer cuando me separo de él, excluyéndolo de mi campo de visión. Lo que lo convierte en una cosa real, y no en un objeto imaginario, es el hecho de que también puedo *no* estar ahí. Es así como debemos interpretar la afirmación de Merleau-Ponty según la cual el cuerpo nunca es un objeto, porque este es precisamente lo que hace posibles los objetos. La existencia de los objetos está garantizada por la resistencia de mi cuerpo a ellos y viceversa. La consciencia, desde este punto de vista, es una tensión dirigida hacia las cosas a través del cuerpo, de la misma forma que el cuerpo es lo que conecta las cosas a la consciencia. Ambas perspectivas deben ser sobreimpuestas una a otra en un solo bloque de significado. Mover nuestros cuerpos significa extenderse hacia las cosas, pero esto solo es posible si el cuerpo no es una de ellas. La afirmación según la cual el ser humano es una cosa solo es aceptable si se refiere a algo que es la precondición para la existencia de cualquier otro ser. En palabras de Helmuth Plessner, el hombre se experimenta a sí mismo como una cosa y desde una cosa que es, sin embargo, completamente distinta de todas las demás en tanto que él es esa cosa particular[34].

Por tanto, lo que conecta a los seres humanos con las cosas es el cuerpo. Fuera de la conexión que asegura el cuerpo, los dos elementos están destinados a separarse de tal forma que, necesariamente, uno se subordina al otro. Solo desde el punto de vista del cuerpo redescubren el vínculo original que fue roto por la gran división: «El cuerpo nos une directamente a las cosas por su propia

32. *Ibid.*, p. 108.
33. M. Merleau-Ponty, *Lo visible y lo invisible*, Nueva Visión, Buenos Aires, 2010, p. 121.
34. Véase H. Plessner, *La risa y el llanto. Investigación sobre los límites del comportamiento humano*, Trotta, Madrid, 2007.

ontogénesis», dado que las cosas no son más que «prolongación de mi cuerpo y mi cuerpo, prolongación del mundo»[35]. Esto no es una simple yuxtaposición, sino una verdadera interpretación. Solo el cuerpo es capaz de llenar el vacío que dos mil años de derecho, teología y filosofía abrieron entre personas y cosas, poniendo unas a disposición de las otras.

En realidad, no podemos decir que la fenomenología comprenda plenamente la relevancia de esta contaminación entre cosa y cuerpo. Esto es así porque el lenguaje de Husserl permanece en el horizonte semántico de la persona, pese a sus proyecciones hacia la alteridad. Aquello a lo que se refiere sigue siendo, en último término, «el cuerpo de uno mismo», con un sentido predominantemente espiritual. Esto es a lo que siempre se refiere la experiencia de la percepción, de una forma que Merleau-Ponty desarrolla y afina, pero que nunca llega a superar por completo. Las manos que se tocan, o que rozan las cosas, siguen siendo las de un sujeto que percibe al otro solo gracias a su propia experiencia interna. Por mucho que sea entendida y asimilada, la cosa sigue siendo el objeto de alguien que siempre se relaciona con ella partiendo de su propio ser. Solo cuando la tradición fenomenológica es deconstruida y dada la vuelta hasta su exterioridad más radical, la cosa y el cuerpo se intersecan de nuevo y penetran una en otro desde una aproximación diferente. Esto sucede cuando el cuerpo pierde la propiedad absoluta de sí mismo a través del modo de la prótesis tecnológica. Solo entonces un fragmento del cuerpo de los otros, o una cosa no corporal, hacen del cuerpo humano un espacio que no puede ser completamente apropiado porque se halla más allá o antes de las dicotomías entre sujeto y objeto, entre interno y externo, entre pensamiento y cuerpo viviente. En la historia filosófica de su propio trasplante de corazón, Jean-Luc Nancy se expresa de la siguiente forma: «Mi corazón se convertía en mi extranjero: justamente extranjero porque estaba adentro. Si la ajenidad venía de afuera, era porque antes había aparecido adentro. [...] La intrusión de un cuerpo ajeno al pensamiento. Ese blanco permanecerá en mí como el pensamiento mismo y su contrario al mismo tiempo»[36].

35. M. Merleau-Ponty, *Lo visible y lo invisible*, cit., pp. 123 y 225.
36. J.-L. Nancy, *El intruso*, Amorrortu, Buenos Aires, 2006, pp. 18-19.

Este es el mismo autor que, a través de las vicisitudes del cuerpo, apuntó al «corazón de las cosas»[37]. Esta es una expresión que todos usamos habitualmente en el sentido de una confrontación directa, sin filtros, con la realidad de una situación, pero deberíamos tratar de usarla también en su sentido más literal. Igual que los seres vivos, también las cosas tienen un corazón, enterrado en su quietud o en su silencioso movimiento: un corazón de piedra, pero una piedra que no recuerda el frío de la muerte. Es una piedra viviente, latente, en la que se concentra la experiencia antigua e incluso moderna, aún palpable, visible y reconocible; que será así al menos mientras *esa* cosa siga siendo precisamente eso y nada más. Sea lo que sea lo que se pueda decir al respecto, esto ya no es posible cuando las cosas entran en el circuito de la producción en serie, en el cual, a diferencia del poder simbólico que se solidifica en los productos hechos a mano, pierden su alma.

Pero esto solo es así mientras sigan siendo artículos en un inventario, alineadas de forma anónima en un almacén. Tan pronto como entran en nuestros hogares, descubriendo una relación con nuestros cuerpos, las cosas se hacen especiales de nuevo, como si cada una recibiera su propio nombre. Esta es la paradójica idea planteada por John Locke y que sería retomada más tarde por Jorge Luis Borges[38]. Desde ese momento empezamos a sentirnos relacionados con ellas con un vínculo que va más allá de su precio de mercado. Estas cosas llevan en ellas la huella del tacto de nuestras manos, la marca de nuestra mirada, los rastros de nuestra experiencia[39]. «Son las cosas las que nos hacen inteligentes»[40], en

---

37. J.-L. Nancy, «El corazón de las cosas», en *Un pensamiento finito*, Anthropos, Barcelona, 2002, pp. 155-177.

38. J.-L. Borges, *Ficciones*, Alianza, Madrid, 2002. En cuanto a J. Locke, véase *Ensayo sobre el entendimiento humano*, FCE, México DF, 2005.

39. Sobre el carácter «personal» de las cosas, véase en especial R. Bodei, *La vida de las cosas*, Amorrortu, Buenos Aires, 2013; Íd., *Oggetti e cose*, Consorzio Festival filosofia, Módena, 2013. Véase también A. Appadurai (ed.), *La vida social de las cosas*, Grijalbo, México DF, 1991; B. Brown (ed.), *Things*, University of Chicago Press, Chicago, 2004; F. Rigotti, *Il pensiero delle cose*, Apogeo, Milán, 2007; D. Miller, *The Comfort of Things*, Polity, Cambridge, 2008; G. Starace, *Gli oggetti e la vita*, Donzelli, Roma, 2013.

40. D. A. Norman, *Things That Make Us Smart: Defending Human Attributes in the Age of the Machine*, Perseus Books, Nueva York, 1993.

su interior existen capas de significado que no pueden ser reducidas a términos cognitivos. Estos significados constituyen el nodo simbólico en que su vida se entrelaza con la nuestra. De forma similar a como los cuerpos dan vida a las cosas, las cosas moldean los cuerpos. Pier Paolo Pasolini escribió una vez que «la educación que a un muchacho le dan los objetos, las cosas, la realidad física [...] convierte a ese muchacho al mismo tiempo en lo que es y en lo que será durante toda su vida. Es su carne la que es educada como forma de su espíritu»[41].

Este diálogo secreto entre nosotros y las cosas, la forma en que estas se adentran profundamente en nuestras vidas —a menudo transformándolas— es también aquello a lo que Ludwig Wittgenstein aludía en sus *Investigaciones filosóficas* cuando manifestó que «el sillón piensa para sus adentros»[42]. Decir que una cosa piensa, en línea con la asonancia entre *Ding* y *Denken* que en su momento apuntara Hegel, no significa convertirla en un ídolo, en un objeto de fetichismo. La intención es más bien que pensemos también por medio de la cosa; como argumentó Henri Bergson, las cosas son el lugar en el que se originan nuestras percepciones[43]. Las cosas nos afectan, al menos tanto como nosotros las afectamos a ellas. Igual que las cosas no pueden vivir sin nosotros, nosotros no podemos vivir sin ellas. Ciertamente, se puede argumentar que ninguna civilización destruye cosas con la facilidad con la que lo hace la nuestra. A menudo nos parecen sustituibles o devaluadas antes incluso de ser usadas. Apenas debe sorprendernos que tras mucho tiempo de intentar construir cosas indestructibles, hoy día busquemos crear cosas naturalmente perecederas, como el plástico que, por ejemplo, ahora preferimos que sea biodegradable.

Pero hay cosas que se resisten a esta fuerza de desintegración. Hay cosas que siguen siendo valiosas —para algunos es una joya, para otros, una prenda de vestir, para otros más, un libro—. O hay

---

41. P. P. Pasolini, *Cartas luteranas*, Trotta, Madrid, ³2017, p. 38
42. L. Wittgenstein, *Investigaciones filosóficas*, Trotta, Madrid, 2017, p. 173.
43. Para profundizar en la naturaleza impersonal de la percepción en Bergson, véase en especial E. Lisciani Petrini, «Fuori della persona. L'"impersonale" in Merleau-Ponty, Bergson e Deleuze»: *Filosofia politica* 3 (2007), pp. 393-409; más generalmente, sobre el papel del cuerpo en la filosofía del siglo XX, véase L. Petrini, *Risonanze. Ascolto, corpo, mondo*, Mimesis, Milán, 2007.

algo aún más pequeño y aparentemente insignificante, como un trozo de hilo, un poco de tela o un recorte de periódico que se pone al frente de nuestra existencia onírica y real, desde Rainer Maria Rilke hasta Walter Benjamin. En el *Libro del desasosiego*, el poeta portugués Fernando Pessoa confiesa su amor por las más leves, las menos importantes de entre las cosas que saben a irrealidad[44], pero que nos permiten rozar el misterio de la existencia. Nadie entendió esta conexión entre la vida de los humanos y la vida de las cosas mejor que Eugenio Montale cuando, en su poema «Dora Markus», escribió:

> No sé cómo soportas exhausta
> en este lago
> de indiferencia que es tu corazón; quizá
> te salva un amuleto que tienes
> junto al lápiz de labios,
> a tu polvera, tu lima de uñas, un ratón blanco
> de marfil; ¡y así existes![45]

EL ALMA DE LAS COSAS

Según una popular teoría, las comunidades que se caracterizan principalmente por la relación entre la gente han sido reemplazadas por sistemas sociales individualistas orientados hacia la relación entre personas y cosas. Esto es cierto solo si se reduce las cosas al papel mercantil de objetos de intercambio opuestos a la gente que hace uso de ellos. Esto es exactamente lo que Marcel Mauss observa: «Vivimos en sociedades que distinguen de manera estricta [...] los derechos reales y los derechos personales, las personas y las cosas. Esta separación es fundamental: constituye la condición misma de una parte de nuestro sistema de propiedad, de alienación y de intercambio»[46].

Este dispositivo binario, que es cualquier cosa menos original, cubre otras formas de relación —como las del don o el *potlatch*,

---

44. Véase F. Pessoa, *Libro del desasosiego*, Acantilado, Barcelona, 2013.
45. E. Montale, «Dora Markus», en *Poesía completa*, Galaxia Gutenberg, Barcelona, 2006, pp. 204-205.
46. M. Mauss, *Ensayo sobre el don*, Katz, Buenos Aires, 2012, p. 188.

«que fusiona a las personas y a las cosas»[47]— y acaba con ellas. Después de persistir durante mucho tiempo en zonas de la India y en el ámbito germánico, también pueden hallarse rastros de estas otras formas en el derecho romano antiguo, concretamente en la práctica del *nexum*, la institución mencionada anteriormente según la cual el cuerpo del deudor insolvente se ponía completamente a disposición de sus acreedores. Más que un objeto pasivo de transacción, incluso después de haber pasado a manos de otros, la *res* sigue estando vinculada al primer propietario por un lazo que obliga al nuevo propietario hasta que queda liberado mediante el cumplimiento de las condiciones de contrato. Hasta entonces, la parte contratante sigue siendo *reus* (*res* + *os*, el antiguo sufijo genitivo), es decir, literalmente «poseído por la cosa»[48]. Tan pronto como la *res* es adquirida, el receptor reconoce que se halla a disposición del donante hasta que se produzca el pago, ofreciendo su propio cuerpo como garantía. En síntesis, contraviniendo la lógica de la gran división, la dinámica del intercambio de regalos se centra en el principio de la personalidad de la cosa.

Cuando los romanos empezaron a distinguir entre derechos reales y derechos personales, separando personas y cosas, la economía del don continuó siendo practicada en esferas culturales que permanecían al margen de las prácticas comerciales. Lo que todas comparten es una concepción que le atribuye alma a las cosas que son dadas, recibidas y devueltas. Lejos de estar separadas de la esfera de las personas, las cosas aparecen como una parte integral de la misma, hasta el punto de ejercer una fuerte acción sobre las personas: «Las cosas tienen virtudes especiales y forman parte de las personas humanas»[49]. Entran en lo que es a la vez una relación protectora y arriesgada con la gente que las intercambia, dejando en última instancia una huella sobre su fortuna. En las culturas brahmánicas, la cosa habla incluso en primera persona; dame, le pide al donante; recíbeme, ordena al receptor, y luego devuélveme, si quieres, de nuevo. El lugar donde el poder de la cosa se ejerce, antes incluso de su metamorfosis hacia la personalidad, es en el cuerpo de los individuos y en las comunidades de las que es miembro.

47. *Ibid.*
48. *Ibid.*, p. 197.
49. *Ibid.*, p. 209.

En este sentido, Mauss nos recuerda el *hau*, el espíritu de las cosas (*taonga*) que son dadas en la sociedad maori, un ritual que ha despertado la curiosidad de los críticos: «Supón que posees un artículo determinado (*taonga*) y que me das dicho artículo [...] ahora bien, yo le doy ese artículo a una tercera persona que, después de pasado algún tiempo, decide devolver alguna cosa a modo de pago (*utu*), me regala algo (*taonga*). Ahora bien, ese *taonga* que él me da es el espíritu (*hau*) del *taonga* que yo recibí de ti y que le di a *él*. Yo debo devolverte los *taonga* que he recibido por aquellos *taonga* (que tú me diste)»[50].

El aspecto más llamativo de esta práctica ritual es su estructura triádica[51]. En lugar de devolver simplemente la cosa recibida, el receptor la pasa a una tercera persona quien le entrega otra cosa a cambio, destinada a su vez al primer donante. ¿Por qué se da este paso adicional, que complica la relación directa entre dar y recibir? Debe existir un pequeño lapso diferencial entre lo que es dado y lo que es recibido con tal de evitar la equivalencia absoluta de la economía de mercado. Esta es la única manera de respetar la singularidad de la cosa, su carga simbólica específica, y de evitar su generalización en la lógica del comercio. No solo eso, pues también crea una relación social que va más allá del tipo diádico para promover un círculo mayor que involucra a toda la comunidad. Este es el principio que durante un periodo increíblemente largo rigió la circulación voluntaria y obligatoria de riqueza, tributos y regalos en gran parte del mundo. En él es central el rechazo de la dicotomía binaria entre personas y cosas: «En el fondo, se trata de mezclas. Se mezclan las almas en las cosas y las cosas en las almas. Se mezclan las vidas y así es como las personas y las cosas mezcladas salen cada una de su esfera y se mezclan»[52].

Lo que permite y causa esta mezcolanza es la ambigüedad del cuerpo. Es el mecanismo silencioso que facilita el paso de un código a otro a través de una cadena de símbolos engendrados por su misma presencia[53]. El cuerpo impide que los símbolos sean separados

50. *Ibid.*, p. 49.
51. Esta cuestión es analizada críticamente por Marshall Sahlins en *Economía de la Edad de Piedra*, Akal, Madrid, 1983.
52. M. Mauss, *Ensayo sobre el don*, cit., p. 109.
53. Sobre esta dinámica véase J. Gil, «Corpo», en *Enciclopedia*, Enaudi, Turín, 1978, vol. III, pp. 1096-1161.

de las cosas y que la circulación social sea bloqueada y forme un tipo de orden jerárquico en el que la dominación absoluta de las personas sobre las cosas queda reflejada en la dominación de unas personas sobre otras, las cuales también son reducidas a cosas. Es notable que esta perspectiva —hallada en sociedades primitivas sin que se haya meditado al respecto— haya vuelto al debate contemporáneo en un momento en el que la lógica bivalente de la Modernidad se está abriendo a otros paradigmas, que previamente la nutrieron desde el interior pero que son ahora libres para salir a la superficie en sus márgenes exteriores. Me estoy refiriendo a la relación oblicua entre orígenes y realización, o entre lo antiguo y lo presente, tan familiar para Nietzsche y Benjamin, lo cual lleva la mirada del historiador más allá de los umbrales más obvios de discontinuidad, y más aún la del filósofo.

En su corazón se halla el impacto actual de la tecnología en las cosas que ya no son solo objetos, y en los sujetos que son cada vez más difíciles de confinar dentro del dispositivo de la persona. A principios de los años cincuenta, Gilbert Simondon ya había empezado a hablar sobre «objetos técnicos» como el campo de mediación entre los seres humanos y la naturaleza[54]. Llevan en su interior las señales de la inteligencia necesaria para solucionar los problemas que se han cernido periódicamente sobre el horizonte humano. Lejos de ser simples herramientas limitadas al cumplimiento de las tareas inmediatas del trabajo manual, contienen una cantidad de información que los carga de efectividad social. De forma parecida al *hau* de Mauss, el *objet technique* de Simondon tiene un componente subjetivo que, más que someternos a su poder mágico, acentúa nuestra capacidad creativa. Solo un antropocentrismo mal entendido nos impide apoderarnos y usar aquello que nosotros mismos hemos desarrollado y movilizado de una forma —tanto subjetiva como objetiva— que sigue viva tanto en el interior de las cosas como en nuestro propio interior. Esta conciencia no tiene nada que ver con un tipo de antihumanismo simplista basado, generalmente, en un desconocimiento de la trascendental

---

54. G. Simondon, *Du mode d'existence des objets techniques* [1958], Aubier, París, 1989 [*El modo de existencia de los objetos técnicos*, Prometeo, Buenos Aires, 2007]. Sobre este tema véase F. Minazzi, «'Salire sulle proprie spalle?' Simondon e la trasdutività dell'ordine del reale»: *aut aut* 361 (2014), pp. 110-129.

importancia de la gran tradición humanista surgida del Renacimiento italiano. La idea de que el hombre carece de una esencia preestablecida, más allá del «automodelamiento» y el cambio continuo de su naturaleza, es el meollo del célebre *Discurso sobre la dignidad del hombre* de Pico della Mirandola.

Por supuesto, nuestros propios cuerpos constituyen el puente flotante que nos conecta a los objetos técnicos. Esto no solo se refiere a la mente, de la que se derivan las características funcionales y simbólicas de los objetos, sino también las señales corporales depositadas en ellos en el acto de su invención. El paso de unas manos a otras a través de aquellos que los han usado crea un flujo continuo que va más allá de lo individual para incorporar la dimensión «transindividual» a la que Simondon dedicó su obra más importante[55]. Recibir un objeto técnico de manos de los que lo han inventado y usado es reconstruir una cadena no muy diferente de lo que los antropólogos creen haber descubierto en los rituales del don en los «pueblos sin historia». La implicación metapolítica que Simondon deduce de esta caracterización del objeto técnico no puede ser pasada por alto. Solo cuando el objeto técnico es emancipado de su reducción servil a una mera herramienta en manos humanas acabará también la dominación de aquellos que controlan la tecnología sobre los que se limitan a soportarla: «No es la máquina aquello contra lo que el hombre, por una reserva humanística, debe rebelarse. Estamos esclavizados por la máquina solamente cuando las máquinas están esclavizadas por la comunidad [...]. El humanismo tradicional sigue siendo abstracto cuando define el poder de autodeterminación solo de los ciudadanos y no de los esclavos»[56].

Bruno Latour llega a una conclusión parecida décadas más tarde al proponer la noción de un «parlamento de las cosas» para superar la gran división moderna entre naturaleza y sociedad[57]. Desde su punto de vista, aunque la Modernidad negó teóricamente los híbridos —situados en el punto de intersección entre «cuasi-sujetos» y «cuasi-objetos»— en realidad los usó ampliamente. Pero la distinción que recorría el hilo del cuerpo y que se mantuvo como línea

---

55. G. Simondon, *L'individuation psychique et collective à la lumière des notions de Forme, Potentiel et Métastabilité*, Aubier, París, 1989.

56. G. Simondon, *Du mode d'existence des objets techniques*, cit., pp. 128-129.

57. Véase B. Latour, *Nunca fuimos modernos*, Siglo XXI, Buenos Aires, 2007.

divisoria durante la Época Moderna se abrió hasta el punto de convertirse en una grieta en toda regla cuando el periodo tocaba a su fin. Se ha producido una especie de efecto contrario beneficioso en contraste con la obsesión bipolar: cuanto más son separadas las personas de las cosas tanto más desarrollan las cosas con el tiempo características humanas. La línea divisoria que durante tanto tiempo opuso los objetos científicos a los sujetos políticos se ha roto ahora por fenómenos constituidos a medio camino entre la naturaleza y la historia, la ciencia y la política, las personas y las cosas: «Pero lo humano, como ahora lo entendemos, no se puede comprender ni salvar sin restituirle esa otra mitad de sí mismo, la parte de las cosas»[58]. Los objetos no solo están entremezclados con elementos humanos, solidificados y hechos intercambiables por otros, sino que las personas a su vez están atravesadas por información, códigos y flujos que surgen del uso continuado de los objetos técnicos. En términos cognitivos y perceptivos ni las características psicológicas humanas ni las fisiológicas son independientes de su manipulación de las cosas, hasta el punto de que los humanos han sido definidos como «artefactos de sus artefactos»[59].

El pensador que más ha hablado sobre este antiguo y posmoderno encuentro entre personas que ya no son personas y cosas que ya no son cosas es Peter Sloterdijk. Partiendo del trabajo de Gottard Günther sobre una nueva ontología social[60], Sloterdijk ha desarrollado una especie de antropotécnica en el confín de la connivencia entre humanos y cosas. Sin romper con el paradigma heideggeriano, pero realineándolo —por así decir— del Ser a los seres, contrasta los peligros de la «alotécnica» con los recursos sin precedentes ofrecidos por la «homeotécnica». La diferencia entre las dos se halla en el hecho de que mientras que la primera busca el dominio absoluto sobre la naturaleza, la segunda imita su proceso creativo. El punto crucial de su visión reside, una vez más, en la

58. *Ibid.* Véase asimismo G. Leghissa, «Ospiti di un mondo di cose. Per un rapporto postumano con la materialità»: *aut aut* 361 (2014), pp. 10-33.

59. J. Kingdon, *Self-Made Man and His Undoing*, Simon & Schuster, Londres, 1993, p. 3.

60. Véase G. Günther, *Beiträge zur Grundlegung einer operationsfähigen Dialektik*, 2 vols., Meiner, Hamburgo, 1979.

105

lógica de una nueva alianza que va más allá de la gran división entre personas y cosas. Máquinas inteligentes, obras de arte, ordenadores y todos los demás tipos de artefactos nos llevan a una dimensión que atraviesa su supuesta división: «... en formaciones de este tipo, la división fundamental, propia de la cultura superior, de alma y cosa, espíritu y materia, sujeto y objeto, libertad y mecanismo, resulta inoperante»[61].

Durante un periodo de tiempo incalculable —que no ha terminado aún— hemos atribuido a las personas la misma cualidad superabundante de la que hemos privado a las cosas. Ha llegado la hora de equilibrar las relaciones. No obstante, antes incluso de hacer eso, necesitamos traspasar la barrera que ha dividido el mundo entre especies opuestas. Sin negar la inquietante naturaleza de la revolución que estamos viviendo —especialmente cuando la tecnología penetra nuestros cuerpos, desbaratando órdenes que han existido durante miles de años—, la importancia del desplazamiento permanece.

Quizá por primera vez desde la desaparición de las sociedades arcaicas, las cosas han vuelto a interpelarnos directamente. Todo un sistema de significado está siendo sacudido, rotando sobre su propio eje y recolocándose en una posición diferente: «Tras la supresión de la esclavitud en el siglo XIX —concluye Sloterdijk— se insinúa para el XXI o el XXII una disolución general de todo resto de tiranía». ¿A través de qué conflictos tendrá lugar esto y con qué consecuencias? «En preguntas como estas habla el conocimiento de que el pensamiento moderno no alumbrará ninguna ética mientras su lógica y su ontología permanezcan sin aclarar»[62].

CUERPOS POLÍTICOS

A diferencia del derecho y la filosofía, la política siempre ha mantenido una relación intrínseca con el cuerpo. El «cuerpo político» es, además, una de las figuras más antiguas de la tradición occiden-

---

61. P. Sloterdijk, *Sin salvación. Tras las huellas de Heidegger*, Akal, Tres Cantos, 2011, p. 141. Sobre Sloterdijk, y más en general sobre la relación entre técnica y vida, véase T. Campbell, *Improper Life. Technology and Biopolitics from Heidegger to Agamben*, University of Minnesota Press, Minneapolis, 2013.
62. P. Sloterdijk, *Sin salvación...*, cit., pp. 151 y 152.

tal. Sus primeros testimonios se remontan en el tiempo hasta el pensamiento griego clásico aunque, sin embargo, fue en la Alta Edad Media cuando cobró especial importancia. El orden del Estado era comparado a un cuerpo viviente orgánico y diferenciado en múltiples funciones coordinadas. Por supuesto, la relación entre los distintos miembros del cuerpo, representantes de los distintos estratos sociales, cambiaba en función de las intenciones de quien empleara la metáfora. El hecho de que el órgano principal del cual dependía el resto fuera la cabeza, el alma o el corazón no era una cuestión irrelevante para su sentido global. Por ejemplo, en el *Policraticus* de Juan de Salisbury, la hegemonía de la cabeza era de alguna forma compensada por la interrelación de las otras partes; en el *Leviatán* de Hobbes, sin embargo, el mando inflexible del alma sobre el resto del cuerpo expresaba la transición hacia una concepción absolutista centrada en el dominio del soberano. Rousseau, en cambio, al aducir que «recibimos a cada miembro como parte indivisible del todo»[63], confiere a la metáfora un resultado igualitario, completado por Joseph Sieyès a través de la identificación del cuerpo de la nación francesa con el Tercer Estado.

La característica más notable de esta diversidad de versiones es la división binaria que se establece en cada una de ellas entre el elemento personal de control soberano y la estructura impersonal de la fisiología corporal. Esto explica por qué a partir de cierto punto, empezando por Hobbes, la semántica de la máquina fue capaz de superponerse a la del cuerpo sin distorsionar el significado de la metáfora. Sin embargo, esto no neutralizó la brecha residual entre las dos polaridades. Ello se demuestra por el hecho de que el término «cuerpo» podía referirse tanto al conjunto del organismo como a la parte situada por debajo de la cabeza. Sabemos que esta dualidad surgió del dogma sobre la doble naturaleza de Cristo. Lo mismo que la totalidad del cuerpo de la cristiandad no se correspondía completamente con el cuerpo de Cristo —dividido a su vez en dos partes—, tampoco el cuerpo político se correspondía del todo con el del soberano. Incluso al asumir la completa integración entre los dos, la falta de correspondencia nunca desapareció del todo. Este binarismo es reconocible en las democracias repre-

63. J. J. Rousseau. *Del contrato social. Discursos*, Alianza, Madrid, ³1985, p. 23.

sentativas, en la asimetría —nunca completamente salvada— entre soberanía y representación. La propia noción de «pueblo» lleva en su seno dos significados potencialmente en conflicto. Pues indica al mismo tiempo la totalidad de la ciudadanía y su parte menos pudiente: el pueblo-nación y el pueblo-plebe. Como pasa a menudo en el dialecto teológico-político que todavía usamos, el mismo concepto incluye la parte que excluye en otros respectos. Toda la dinámica política occidental puede ser interpretada como la tensión constante entre estas dos polaridades: como un intento de unificar, por un lado, el cuerpo político (o pueblo) excluyendo su parte inferior y, por otro, eliminando el umbral diferencial que separa la parte inferior de la parte superior.

En la transición que tuvo lugar en determinado momento desde el régimen soberano al régimen biopolítico, esa contradicción empezó a acentuarse aún más. Es como si lo que había sido una metáfora —la del cuerpo político— se hubiera materializado, tomando ella misma un cuerpo propio. Estos son exactamente los términos usados por el primer pensador que analizó este giro de los acontecimientos: «El 'cuerpo' social dejó de ser una simple metáfora jurídico-política (como la del *Leviatán*) y se convirtió en una realidad biológica»[64]. Ciertamente, el *bios* siempre ha sido un objeto de interés e intervención política. Pero lo que era filtrado hasta cierto punto por una serie de mediaciones ha empezado a convertirse en una relación directa. A partir de ahí, la vida humana como marco para la acción política se convirtió en el centro de atención: se convirtió en el negocio de gobernar, del mismo modo que la política se convirtió en el gobierno de la vida. El papel creciente de la medicina social, dirigida directamente al cuerpo de la población, refleja la importancia de esta transición. De esta forma Michel Foucault podía afirmar al comentar el sistema de salud prusiano que «a esa administración pública de salud no le interesaba el cuerpo de los trabajadores, sino el cuerpo de los propios individuos que, en su conjunto, constituían el Estado»[65]. Esto

64. Véase M. Foucault, «About the Concept of the Dangerous Individual in 19th Century Legal Psychiatry»: *International Journal of Law and Psychiatry* 1 (1978), pp. 1-18.
65. M. Foucault, «Nacimiento de la medicina social», en *Estrategias de poder. Obras esenciales* II, Paidós, Barcelona, 1999, p. 370.

condujo a un doble proceso interconectado gracias al cual la medicina fue crecientemente politizada mientras que la política era modelada cada vez más sobre la base del conocimiento médico. Esto representó un punto de inflexión decisivo en el dominio del poder, además de tener también importantes efectos en el del conocimiento. Cuando el cuerpo viviente de los individuos y las poblaciones se convirtió en el objeto privilegiado, la práctica política comenzó a escapar tanto de las antiguas como de las modernas categorías jurídicas de pensamiento. Los mecanismos del poder se hicieron cargo de la existencia de los hombres como «cuerpos vivientes» y, sin embargo, «la vida [...], mucho más que el derecho, se volvió entonces la apuesta de las luchas políticas»[66].

Sin embargo, esto no significa que el abismo que atravesaba los conceptos políticos de la Modernidad se estrechara. Al contrario, la brecha se hizo aún más ancha. Cuando el cuerpo se convirtió en el contenido más bien que en el significante metafórico del orden político, la fractura que separaba en el régimen soberano el cuerpo de la cabeza se extendió más profundamente en el interior del cuerpo. La exclusión (además de los derechos) creada como consecuencia tenía el potencial de afectar a su misma supervivencia biológica, como pasó repetidas veces a lo largo del siglo XX. Este fue el caso del nazismo, que transformó la intervención médica en una suerte de cirugía letal encaminada a salvar el cuerpo político extirpando la parte que consideraba infectada. Pero, aunque la biopolítica corre siempre el riesgo de convertirse en un tipo de tanatopolítica, esto no quiere decir que ambas sean necesariamente idénticas. Una política *de* la vida siempre genera como reacción una política *sobre* la vida. El cuerpo humano es central en este conflicto. Mientras es objeto de control y explotación, dado que todas las formas de poder producen resistencia, es también el sujeto de la rebelión. Como señala Foucault, «contra este poder aún nuevo en el siglo XIX, las fuerzas que resisten se apoyaron en lo mismo que aquel invadía, es decir, en la vida y en el hombre en cuanto ser viviente»; de forma similar «la vida como objeto político fue en cierto modo tomada al pie de la letra y vuelta contra el

---

66. M. Foucault, *Historia de la sexualidad* I. *La voluntad de saber*, Siglo XXI, Buenos Aires, 1985, p. 75.

sistema que pretendía controlarla»[67]. Si bien el cuerpo siempre ha sido el lugar por donde las personas pasan a las cosas, es también el punto de resistencia que se opone a este paso: no en el sentido de un regreso de la cosa a la persona, sino como un rechazo del orden dicotómico que ha organizado siempre la relación entre las dos.

En nuestro régimen biopolítico contemporáneo, el mecanismo que unifica la vida por medio de su ruptura interna parece haberse atascado. Es como si los dos cuerpos del rey se hubiesen bifurcado de un modo que ya no permitiera reunirlos, permaneciendo sin reconciliar, cara a cara, como ocurrió en *Ricardo II* de Shakespeare. Lo que se está derrumbando es la integración entre poder personal y funcionamiento impersonal que durante cuatro siglos ha producido el Estado moderno. En el antiguo modelo, hacía mucho tiempo que el cuerpo y la cabeza, el soberano y el pueblo, el carisma y el cargo se habían fusionado en una unidad institucional. Durante el último siglo los partidos políticos funcionaron como sus engranajes fundamentales. Hoy día este gran modelo disciplinario ha sido literalmente hecho pedazos. Bajo la presión combinada de la globalización y la revolución tecnológica, la persona del líder está ganando protagonismo, tanto en los partidos políticos como en los gobiernos de nuestras democracias, como también está aumentando su autonomía respecto del aparato institucional del que depende[68]. Pero esta emancipación del líder o primer ministro del cuerpo político se hace en beneficio de su cuerpo físico —ahora el centro de atención— puesto al descubierto en sus más íntimos pliegues. El poder se hace reconocible en el cuerpo del líder —en su rostro, gestos y palabras— desprovisto de cualquier mediación. Es difícil decir cuáles serán los efectos de esta transición hacia lo biopolítico cuya génesis puede verse en los años treinta y cuyo desarrollo caracteriza a la sociedad del espectáculo. Es, con certeza, causa y efecto de una retirada de la política de la *res publica* como participación activa, y de un síndrome populista que no ha perdonado a ninguna fuerza política. Es más, con el incansable sensacionalismo de la política, la dimensión pública se confunde cada vez más con la dimensión privada, hasta el punto de que se hace difícil distinguirlas.

---

67. *Ibid.*
68. Este cambio de paradigma es analizado de forma efectiva por M. Calise, *Il partito personale. I due corpi del leader*, Laterza, Roma/Bari, 2010, pp. 109 ss.

Lo que quizá sea de mayor interés es la dinámica que surge en el otro polo del cuadrante social —en la parte del cuerpo político situada bajo la cabeza y de la que ahora es independiente—. Mientras que el cuerpo y la persona del líder son ahora perfectamente equivalentes en la cabeza, sin grietas o diferencias, en la parte inferior el cuerpo ha adquirido un valor intensamente impersonal. Esta parte se compone de los cuerpos vivos de quienes sienten que ya no están representados por las instituciones, desafiando todas las categorías interpretativas. Cualquiera que sea la forma de democracia que nos aguarde, es altamente improbable que pueda ser contenida dentro de los actuales canales de representación: parte del cuerpo político queda fuera de sus confines. Cuando masas de gente llenan hasta rebosar las plazas de todo el mundo —como está pasando en la actualidad— se revela algo cuya existencia es anterior incluso a sus demandas. Antes incluso de ser pronunciadas, sus palabras se corporeizan en cuerpos que se mueven al unísono, con el mismo ritmo, en una única ola de emoción. Por mucho que internet pueda funcionar como lugar de movilización, sin cuerpos vivientes conectados entre sí por la misma energía ni siquiera internet puede ser el nuevo sujeto político del futuro. Desde que la declaración «nosotros, el pueblo» fuera enunciada por primera vez en el acontecimiento fundacional de la primera democracia moderna, dicha declaración ha tenido un carácter performativo: tiene el efecto de crear lo que declara. Desde entonces, todo acto lingüístico que busca tener un impacto en la escena política necesita una boca y una garganta: el aliento de los cuerpos lo suficientemente cerca unos de otros como para oír lo que dice el otro y ver lo que todo el mundo puede ver. Hannah Arendt creía que debe haber un espacio público para que pueda existir la política. Sin embargo, no añadió que este espacio debe ser llenado por cuerpos vivientes unidos por las mismas protestas o demandas[69]. Faltos aún de formas adecuadas de organización, los cuerpos de hombres y mujeres presionan los límites de nuestros sistemas políticos. Buscan transformar estos sistemas en una forma que no pueda ser reducida a las dicotomías que el orden político moderno ha producido durante tanto tiempo. El

---

69. Véase J. Butler, «'Nosotros el pueblo'. Reflexiones sobre la libertad de reunión», en *¿Qué es un pueblo?*, Eterna Cadencia, Buenos Aires, 2014.

resultado de estas dinámicas es incierto, pero lo notable de las mismas es la novedad radical que introducen en nuestra historia. Ajeno tanto a la semántica de la persona como a la de la cosa, el cuerpo viviente de multitudes crecientemente vastas exige una renovación radical de los vocabularios de la política, el derecho y la filosofía. En los años venideros veremos si estas instituciones serán capaces de dar una respuesta o si, por el contrario, optarán por encerrarse en sí mismas antes de implosionar definitivamente.

ENTRE EL DERECHO ROMANO
Y LA SOCIEDAD DEL ESPECTÁCULO

Conversación con Roberto Esposito*

Antonio Valdecantos: Al lector de pensamiento reciente (de pensamiento italiano en particular) no le sorprenderá el lugar central que ciertos aspectos del derecho romano ocupan en las discusiones filosóficas contemporáneas. Estudiosos europeos de las últimas décadas, como Aldo Schiavone, y sobre todo Yan Thomas, desempeñan, por ejemplo, un papel importante en algunos momentos muy señalados de este *Personas, cosas, cuerpos*, un libro que muestra cómo los dos primeros términos mencionados en su título resultan ser hijos del derecho romano más que de la metafísica griega. Lo que sí puede llamar la atención de cierta clase de lectores es la naturalidad con que esta obra y otras anteriores se enfrentan a la práctica y la teoría jurídicas sin ocultar sus aspectos más descarnados y brutales. Seguramente el prestigio conceptual y retórico de que goza la idea de persona se debe en grandísima medida a una mitología racionalista del derecho y de los derechos. Derecho son los *droits de l'homme* y derecho lo es también el *nexum* romano, por el que el cuerpo del deudor se constituía en garantía de la deuda; pero lo segundo se olvida con frecuencia o se toma como un mero documento arcaico de barbarie. ¿No crees que la filosofía y la cultura habituales están demasiado fascinadas por una edificante idea del derecho como medio de ilustración y como arma liberadora, una idea casi igual de ingenua que la correspondiente a una historia de la filosofía que se narrase como epopeya de la razón?

 * La presente conversación se llevó a cabo en los meses de verano de 2016. Agradezco a Laura Branciforte la ayuda prestada en la traducción al italiano de mis a menudo alambicadas preguntas (A.V.).

113

Roberto Esposito: Das con un punto importante no solo en la elaboración de *Personas, cosas, cuerpos*, sino de todo mi trabajo de estos años, ya muy presente en *Tercera persona*[1] y, antes aún, en *Immunitas*[2]. Se trata del papel desempeñado por el derecho, y en particular por el derecho romano, en la constitución de nuestras categorías conceptuales y, por tanto, también de nuestra experiencia. Ya Niklas Luhmann, aun sin ningún acento crítico, había hablado de la función inmunitaria del derecho en el interior del sistema social. El derecho cumple una función de neutralización de los conflictos y, por tanto, de protección social. Al igual que el cuerpo humano no puede prescindir de un sistema inmunitario, ninguna sociedad podría sobrevivir sin un sistema jurídico. Lo que no dice Luhmann —pero sí es central en la interpretación de una serie de pensadores, desde Walter Benjamin a Simone Weil y a René Girard— es que el derecho incorpora parte de la misma violencia que se esfuerza por combatir. Esto es, por cierto, típico de la categoría de «inmunización», que se constituye en la intersección entre la protección y la negación de la vida.

En relación con este carácter ambivalente del derecho —defensa violenta con respecto a la violencia—, el derecho romano en particular cumple un papel fundacional decisivo, cuyos efectos todavía se perciben hoy. El caso que tú recuerdas, el del *nexum* —esto es, la posesión del cuerpo vivo, e incluso muerto, del deudor insolvente por parte del acreedor— no es más que un clamoroso ejemplo de esta lógica violenta. Y también lo es de su resurgimiento en la sociedad contemporánea, donde la deuda se ha convertido en una auténtica cadena que atenaza al deudor, encarcelándolo a menudo. La tesis de mi libro es que este efecto impositivo y excluyente del derecho surge precisamente del paradigma romano de «persona» jurídica al que con tanta frecuencia se recurre para reclamar derechos humanos universales. En realidad, si se habla desde el punto de vista histórico, la categoría de «persona» se ha usado siempre para excluir cierta tipología de hombres y de mujeres del ámbito de las personas que lo son de plena condición. Una condición que

1. *Tercera persona. Política de la vida y filosofía de lo impersonal* [2007], trad. de C. R. Molinari Marotto, Amorrortu, Buenos Aires, 2009.
2. *Immunitas. Protección y negación de la vida* [2002], trad. de L. Padilla, Amorrortu, Buenos Aires, 2005.

en Roma poseía solo el cabeza de familia. Tampoco en este caso, salvando las distancias, puede decirse que de verdad hayamos superado la lógica jurídica romana.

A. V.: La cuestión animal está presente, aunque en penumbra, en *Personas, cosas, cuerpos* y en *Dos*[3]. Y al final de *Tercera persona* se medita también sobre el «devenir animal» suscitado por Deleuze. La vindicación del cuerpo efectuada en estas tres obras puede leerse, no en vano, como un rescate filosófico de toda la animalidad obligadamente excluida por el funcionamiento del dispositivo de la persona. A veces estas propuestas pueden ser muy bien recibidas en la cultura contemporánea, pero quizá lo sean por motivos espurios. ¿No hay, de hecho, en la visión contemporánea del mundo una suerte de banalización de lo animal? A veces da la impresión de que vemos al animal bajo el paradigma de la mascota, ese apéndice humano que forma parte de las pertenencias personales de uno, siendo, a su vez, una cuasi persona. ¿No hay aquí una estúpida perversidad que ha tomado «lo animal» como coartada de un retrato mejorado de lo humano?

R. E.: Es cierto que la cuestión «animal» atraviesa, con frecuencia tácitamente, mi obra, aun cuando no le haya dedicado nunca una contribución específica. En el libro *Pensiero vivente. Origine e attualità della filosofia italiana*[4] detecto una gran atención a la figura del animal en autores italianos muy distintos entre sí, como Maquiavelo, Bruno, Vico o Leopardi. En todos ellos se pone de algún modo en tela de juicio la concepción cartesiana, y en general humanística, que asimila el animal a un objeto o a una máquina, contraponiéndola al ser humano. Incluso en Heidegger se muestra la presencia de esta concepción, aun dentro de su crítica de la tradición humanística. Para Heidegger, el animal tiene «pobreza de mundo», a diferencia del hombre, «formador de mundo». Según esta perspectiva, el ser humano como *Dasein* está más cercano a Dios que al animal. En la oscilación del hombre entre la bestia y el ángel, descrita en el discurso *De hominis dignitate*, de Pico della

---

3. *Dos. La máquina de la teología política y el lugar del pensamiento* [2013], trad. de M.ª T. D'Meza y R. Molina-Zavalía, Amorrortu, Buenos Aires, 2016.
4. Einaudi, Turín, 2010.

Mirandola, Heidegger ve en el hombre un ser más similar al ángel que al animal.

Quien vuelve del revés esta concepción es —influyendo en otros autores contemporáneos— Nietzsche, al atribuir al animal una relevancia muy particular en la medida en que problematiza el papel angélico del hombre. Después de él, el enfoque de la filosofía en relación con la animalidad se ha modificado en parte, como lo demuestra sobre todo Derrida, al que se debe una elaboración importante del tema de lo animal. Estamos de acuerdo en que en otras concepciones contemporáneas, incluso dentro de la reflexión bioética, la cuestión de la animalidad se plantea a menudo de manera reductiva o netamente equivocada. La propia reivindicación de derechos animales tiende una vez más a reducir lo animal a la dimensión del hombre, más bien que a esforzarse por definirla en su diferencia específica. El animal, en definitiva, oscila todavía entre la palabra y la cosa, sin poder ser, de manera evidente, ni lo uno ni lo otro. Probablemente el punto del que partir para una nueva reflexión sobre la animalidad no es la cosa ni la persona, sino el cuerpo viviente.

A. V.: «Lo importante son las personas». Lemas parecidos a este se cacarean constantemente tanto a derecha como a izquierda, y tanto en la cultura elitista como en la popular. Casi más que la persona, importan en la manera contemporánea de hablar la «personalidad» y «lo personal». A veces se tiene la tentación de creer que la persona es, simplemente, lo que tiene «personalidad», pero, muy a menudo, semejante personalidad se presenta como lo irreductible a cualquier molde o cuño, como algo que, por su radical individualidad, desborda cualquier esquema. Y también como algo constitutivamente *vital*, según se puso de manifiesto, hace casi cien años, en la conferencia «La ciencia como profesión», de Max Weber, con su vinculación entre *Persönlichkeit* (personalidad) y *Erlebnis* (vivencia). A menudo la persona es la sede de «lo vital» bajo la forma de la «vivencia» pretendidamente única e irrepetible. ¿Puede, entonces, la *vivencia* ser absorbida por el dispositivo de la persona y convertida en el engranaje con el que tal dispositivo integra la *vida* en él?

116

R. E.: La pregunta que me haces no me resulta del todo clara. En cuanto al primer punto, ya los romanos hablaban de la «persona» como algo que se «tiene», más que como algo que se «es». Por eso la entendían precisamente como personalidad jurídica. Una personalidad muy distinta de aquella a la que tú te refieres en la segunda parte de la pregunta, ya que el derecho no considera los individuos como seres singulares irreductibles, sino como elementos equiparables de una misma categoría. Desde este punto de vista, la forma de vida está desde el comienzo incluida, o excluida otras veces, del dispositivo de la persona. En Weber prevalece otra idea de persona, vinculada al individuo carismático, hasta cierto punto ajena al aparato conceptual romano y más cercana a la concepción religiosa judeocristiana. He hablado de ello en *Dos. La máquina de la teología política y el lugar del pensamiento.*

A. V.: Aunque en la formación de nuestra idea de la persona debamos más al derecho que a la filosofía (y lo de «deber» lo digo no sin ironía, por lo que enseguida se verá), hay un clásico del pensamiento que es crucial en la historia política de la persona. Me refiero a Hobbes. Quentin Skinner ha contado la historia del Estado soberano como *persona ficta* y la ha concluido —de un modo cuya pertinencia es difícil negar— atendiendo a la identidad de quien, habiendo contraído una deuda, debe pagarla. Como *persona ficta*, dice Skinner, «el Estado puede contraer obligaciones de las que ningún gobierno, ni generaciones enteras de ciudadanos, podrían tener siquiera la esperanza de librarse»[5]. Semejantes obligaciones solo pueden ser entendidas, cree Skinner, si se acude a la idea de que el Estado es, como Hobbes pensó, una persona artificial «con una eternidad artificial de vida». Seremos, ciertamente, deudores de por vida (según ha mostrado con tanto acierto Elettra Stimilli), pero lo seremos porque nos sobrevivirá algo (¿algo *vivo*?) que será reconocido como persona *al menos hasta que pague su deuda*. La «vida del Estado» no parece fundarse en la preservación de la vida de las personas físicas, sino en una «vida» endeudada,

5. Así concluía el ensayo de Quentin Skinner «A Genealogy of Modern State»: *Proceedings of the British Academy* 162 (2009), pp. 325-370. Hay una versión abreviada en H. Kalmo y Q. Skinner (eds.), *Sovereignty in Fragments*, Cambridge UP, 2010, volumen que cuenta con un ensayo de Toni Negri.

«póstuma» en relación con cualquier vida natural. ¿Crees que una circunstancia como esta obliga a replantear hasta cierto punto el concepto de «vida» habitual en el pensamiento reciente?

R. E.: Hobbes, prosiguiendo una tradición medieval que separa la persona del cuerpo viviente del individuo, considera el Estado una persona artificial en la medida en que representa a todos los individuos que forman parte de él. El concepto contemporáneo de «deuda soberana», del que tanto se habla en estos años de crisis económica, parte precisamente de esta tradición. Se trata de un concepto antinómico y paradójico porque usa una categoría política —la de «soberanía»— con referencia a una cuestión económica. Y no solo esto, sino que la usa para indicar exactamente la falta de soberanía de un Estado obligado a pagar las deudas acumuladas incluso contra su propia conveniencia.

Y es cierto que se trata de deudas inextinguibles porque la máquina económico-financiera que dirige nuestras vidas se basa precisamente en la reproducción y, más aún en el aumento progresivo, de la deuda, individual y estatal. Todo individuo que nace lleva encima de la propia persona una deuda transmitida por las generaciones anteriores, una deuda de la que no podrá librarse nunca y que lo acompañará el resto de su vida. De este modo, vivimos lo que puede definirse como una metafísica de la deuda, en el sentido que Benjamin daba a la deuda en su fragmento «Capitalismo como religión», cuando hacía acompañar a la teología política de una teología económica. Salvo que en determinado momento el Estado se extinga como «persona viviente», lo que incluso llega a suponer Hobbes, al sostener que el Estado Leviatán sigue estando sujeto a la muerte.

A. V.: En *Personas, cosas, cuerpos* y también en *Dos* y en *Tercera persona* hay expresiones muy críticas sobre la «bioética liberal» de Singer y Engelhardt, a quienes se toma, a mi juicio con razón, como la otra cara de la moneda doctrinal eclesiástica. Me parece que tropezamos aquí con un hueso duro de roer para la mentalidad autosatisfecha del progresista contemporáneo. Porque, si la persona es un dispositivo, entonces valores tales como la soberanía sobre el propio cuerpo o la noción de una vida que puede limpiamente desecharse por no poseer calidad o dignidad bastante (valores tan ligados a lo que suele llamarse «autonomía personal») pasarían a

118

mostrar una faz siniestramente torva. Vienen con facilidad a la cabeza los pronunciamientos de Pasolini sobre el aborto. ¿No crees que el dispositivo de la persona está tan presente en las visiones del mundo progresistas y emancipatorias como en las represivas y disciplinarias?

R. E.: Sí que lo creo. Hoy día la apología de la persona es una ideología transversal que llega a unir posiciones incluso muy distantes, que en otro tiempo se habrían ubicado claramente a la derecha o a la izquierda, en el bando de la reacción o en el del progreso. Mi impresión es que exponentes de la bioética liberal, como Singer y Engelhardt, comprometidos, aun con acierto, en materia animalista, no son del todo conscientes del resultado potencialmente tanatopolítico de sus discursos.

Desde el momento en que se presupone que no todos los seres humanos son personas en el sentido pleno e integral del término, el destino de aquellas que parecen no serlo está ya sentenciado. Dependerán —y su vida misma lo hará— de decisiones «éticas», o incluso económicas, de aquellos a quienes sean confiados en custodia. La contigüidad de este razonamiento con algunas prácticas siniestras del siglo pasado, basadas en la presunta dignidad insuficiente de algunos seres humanos, me parece evidente, aunque naturalmente las intenciones de Singer y de Engelhardt no tengan nada que ver con las de los nazis. Pero los supuestos filosóficos permanecen cercanos. Lo anterior se confirma con las referencias de estos autores, en particular de Engelhardt, al derecho romano entendido precisamente como dispositivo jurídico de la persona, esto es, como práctica de definición y separación de tipologías diferentes dentro del género humano.

A. V.: En *Persona y democracia*, María Zambrano llevó a cabo una defensa de la idea de persona (oponiéndola al «personaje» unilateral, con el que cada uno trata de dominar todos los restos de su yo) en la que, hasta cierto punto, se prefiguran algunos de los argumentos de *Tercera persona*, de *Dos* y de *Personas, cosas, cuerpos*[6]. Quizá el lector tenga la tentación de sospechar que Zambrano llama

6. M. Zambrano, *Persona y democracia* [1958; ²1988], en *Obras completas*, vol. III, ed. dirigida por J. Moreno Sanz, Galaxia Gutenberg, Barcelona, 2011, pp. 377-501.

persona a lo que tú llamas cuerpo, y ese mismo lector podría reprochar a la autora de *Persona y democracia*, no sin buenas razones, el uso de una terminología un tanto sorprendente. Pero, en realidad, también cabría decir que tu uso de la noción de cuerpo no está libre de peligros. Aunque no creo que lleve razón Toni Negri en que «para dar contenido a la 'fuerza vital'», haya que «quitárselo a la vida, a la libertad, a la política, y reducirla a la naturaleza»[7], lo cierto es que la noción de cuerpo está siempre expuesta al asedio de lo biológico. En cualquier caso, si el cuerpo es, como sostienes, todo lo que la persona quiere dominar en uno mismo sin lograrlo, entonces eso que no se domina podría tener más bien el aspecto de una constelación o archipiélago de fragmentos (algo más negativo que afirmativo) que de un unitario y consistente *cuerpo*. ¿No podría ser que la idea misma de cuerpo, con su apelación a una unidad inequívocamente establecida, heredase perversamente algunos de los elementos menos honorables de la *persona*?

R. E.: Sí, yo también creo que en Zambrano hay un posible equívoco sobre el término «persona», no lejano de lo que yo llamo (pero también, por ejemplo, Simone Weil) «cuerpo viviente». No sé si hay un posible riesgo biologista en el uso que hago del término «cuerpo». En lo que a mí respecta, trato de evitarlo precisamente uniéndolo de manera indisoluble a la persona que lo habita. La noción misma de «vida» no es entendida en sentido biologista, sino recuperando toda su extensión. Por lo demás, yo personalmente no uso, como en cambio hace Agamben, la categoría de *zoe*, sino la de *bios*, que ya desde los griegos es entendida en sentido «personal», como «forma de vida» y no como «nuda vida». Creo que una vida completamente «nuda» no podría existir, ni siquiera en situaciones extremas. En cuanto al asunto del «cuerpo», creo que el riesgo que se corre al invocarlo no es el de su fragmentación, sino el de un posible organicismo. Este es el motivo por el que en mi libro *Bios*[8] puse en tensión con el concepto de «cuerpo» el de «carne», incluso

---

7. A. Negri, «Un pensiero vitale messo fuorigioco» [recensión de *Da fuori. Una filosofia per l'Europa*], *Il manifesto*, 17 de mayo de 2016. Véase la respuesta de Esposito, «Il sintomo immaginario nel 'difetto di politica'», el día 28 siguiente, *ibid*.
8. *Bios. Biopolítica y filosofía* [2004], trad. de C. Molinari, Amorrortu, Buenos Aires, 2006.

en el sentido que Merleau-Ponty indicó con la expresión «carne del mundo». Y, en cuanto a las observaciones críticas de Negri, legítimas naturalmente, le he respondido que es su concepción, más que la mía, la que camina en la dirección de cierto naturalismo. En todo caso, creo que la discusión que ha abierto es útil y positiva en una época en la que ni siquiera en Italia practican los filósofos la antigua disciplina del diálogo y la confrontación.

A. V.: En las últimas páginas de *Personas, cosas, cuerpos* se expone la conducta de «los cuerpos vivos de quienes sienten que ya no están representados por las instituciones»[9] como muestra de una política alternativa a las que obedecen al dispositivo de la persona. En efecto, el lema «No nos representan» hizo fortuna hace unos años en algunos lugares como España. De aquella movilización han surgido, con el tiempo, algunos nuevos partidos y una renovación llamativa en la estética de la representación política. Puede haber quien crea —es mi caso— que lo realmente ocurrido tiene más que ver con el espectáculo que con la política: ciertas ocupaciones del espacio urbano, ciertos gestos y cierta manera de hablar han ganado batallas mediáticas muy decisivas, y se han impuesto como iconos y como lugares comunes. Poco más, quizá. Cabe sospechar que la rebelión contra la representación política tradicional es, a menudo, un espectáculo concebido para la representación mediática, que tiene sus propias demandas. Acaso lo anterior sea demasiado ácido, pero ¿no crees que el «cuerpo vivo» contemporáneo tiene, de por sí, un apetito insaciable de ser reflejado, reproducido, fotografiado y convertido en noticia, y que con frecuencia ese apetito es lo más «vital» que hay en él?

R. E.: Así es, sin duda ninguna. Vivimos desde hace mucho en la «sociedad del espectáculo», en la expresión de Guy Debord, y —cabría añadir— en el espectáculo de la sociedad. Todo lo que ocurre en política tiene que ver con este efecto, querido o incluso no querido, de espectacularización. Piénsese en lo que está pasando con las elecciones americanas[10]. Ciertamente esto ha jugado un

9. *Supra*, p. 111.
10. La referencia es a las elecciones en Estados Unidos que se celebrarían en noviembre de 2016 y darían el triunfo a Donald Trump sobre Hillary Clinton.

papel en el caso de Podemos en España, como en el de Syriza en Grecia, por no hablar de la Italia de Berlusconi y después, aunque de manera distinta, de Renzi. Pero este es un dato que no puede eliminarse. Ya no es posible separar lo que en italiano se llama *rappresentazione* de lo que se llama *rappresentanza*, que, por lo demás, se expresan con el mismo término en distintas lenguas. El problema está en el uso que se hace de esta conjunción. Es decir, si la representación teatral podría ser utilizada de manera progresiva y no solo de manera regresiva, como ya ocurrió trágicamente en los desfiles nazis y fascistas, pero también en el «comunismo real» soviético.

A. V.: En *Dos* se mostró el altísimo valor de la doctrina averroísta de la unidad del intelecto posible como una alternativa *impersonal* a lo que fue la senda principal de la historia del sujeto moderno. Llama la atención, por cierto, que en *Da fuori*[11] se sostenga, al hilo de una referencia al *it thinks* de William James, que, para los pragmatistas norteamericanos clásicos, «empirismo» significa «la constitución del sujeto a partir del punto de vista impersonal de la experiencia». En realidad, puede que lo impersonal haya acompañado a la filosofía casi desde sus inicios (recuérdese a Heráclito: el *koinos logos* frente a la *idia phronesis*). Tus libros de estos diez últimos años invitan, en efecto, a leer la historia de la filosofía no solo como una sucesión de afirmaciones de lo personal, sino también como un conjunto de esfuerzos titánicos para acallar lo impersonal y olvidarlo. Quizá podría reescribirse así la historia de la filosofía pero, de una manera más modesta, me atrevo a sugerir lo siguiente: que el averroísmo sea una doctrina constitutivamente «foránea» y, en gran medida, un resultado de la mezcla de lenguas, ¿no proporciona todo un símbolo de lo impersonal como algo que ha de venir «de fuera»? ¿Y no invita a ver la modernidad europea como una inmensa empresa de inmunización contra lo impersonal?

R. E.: En efecto hay una relación entre lo «impersonal» y el «afuera». No es casual que el intelecto posible de Averroes, con el cual se puede dar comienzo al pensamiento de lo impersonal, esté

11. *Da fuori. Una filosofia per l'Europa*, Einaudi, Turín, 2016.

situado «fuera» del cerebro humano. Se podría añadir, a este respecto, que el pensamiento en su totalidad viene de fuera, dado que todos los pensamientos que parecen nuestros han sido ya pensados por otros y lo serán por otros aún. Incluso en el campo de los descubrimientos científicos, los paradigmas progresan, o, mejor dicho, experimentan saltos cualitativos, siempre a partir de algo que viene del exterior, de otro paradigma o incluso de otro lenguaje. Naturalmente, cuando se habla de «afuera» —como lo hace Foucault en su ensayo *La pensée du dehors*[12]— es preciso distinguir entre un «afuera» relativo y un «afuera» absoluto, entre un «afuera» asimilable y un «afuera» salvaje. En mi libro *Da fuori*, en confrontación con Derrida, que identifica el «afuera» con la escritura, detecto en Foucault, al igual que en Blanchot, a un pensador del «afuera» radical. En otros aspectos, considerando el «afuera» como el terreno de lo político entendido en el sentido del conflicto, puede decirse que buena parte del pensamiento italiano, desde Maquiavelo hasta el *operaismo* de los años sesenta del siglo XX, es un pensamiento del «afuera». No es casualidad que haya sido en su interior donde haya surgido también un nuevo interés por la categoría de lo «impersonal».

A. V.: Para terminar, una pregunta que tiene más que ver con *Da fuori* que con *Personas, cosas, cuerpos*. Puede que el pensamiento en lengua española, y la lengua española misma, sea inevitablemente *exterior* a cualquier esencia de Europa, aunque, a la vez, haya estado siempre muy cerca de su centro. (Sorprende, por ejemplo, que el cordobés Averroes, que tanta importancia cobra en *Dos*, sea en el mundo hispano un filósofo exótico y casi desconocido, lo cual debería hacer reflexionar mucho). Tus libros son, desde luego, muy difundidos y leídos en España. ¿Qué impresión tienes sobre la recepción de tu obra en el mundo hispanohablante? Has mostrado con todo detalle las peculiaridades de la serie *German philosophy*, *French theory*, *Italian thought*... Por tu conocimiento de España, ¿crees que podría haber algún sustantivo que acompañara al adjetivo *Spanish* y que no fuera necesariamente la expresión *colonial eclecticism*?

12. M. Foucault, *El pensamiento del afuera*, trad. de M. Arranz, Pre-Textos, Valencia, 1997.

R. E.: Esta pregunta es importante. Al escribir *Da fuori*, me pregunté muchas veces cómo incluir a España en este discurso. Estoy convencido de que en este momento hay en España filósofos importantes, desde el recientemente desaparecido Trías a Duque, desde Jarauta a Cruz, desde Savater a Villacañas, por no hablar de tus propias obras, que aprecio mucho y que creo afines a las mías en algunos aspectos. Por lo demás, la reflexión de Ortega precisamente sobre Europa ha sido muy importante. La circulación de mi obra, y en general del pensamiento italiano contemporáneo, es muy buena no solo en España, sino también en Argentina y Chile. También el español, como el italiano, es un pensamiento abierto hacia el afuera, con una gran contaminación de lenguajes. En un futuro próximo espero conocer mejor vuestra filosofía. Y, mientras tanto, estoy muy contento de nuestro diálogo.

124